U0645909

Richard's

a

b

# 瓦格纳词典

仇钧　著

*Wilhelm Richard Wagner*

GUANGXI NORMAL UNIVERSITY PRESS
广西师范大学出版社
·桂林·

Wagner Cidian

**图书在版编目（CIP）数据**

瓦格纳词典 / 仇钧著. —桂林：广西师范大学出版社，2020.3（2020.6 重印）
ISBN 978-7-5598-1896-6

Ⅰ. ①瓦… Ⅱ. ①仇… Ⅲ. ①瓦格纳(Wagner, Wilhelm Richard 1813-1883)—传记 Ⅳ. ①K835. 165. 76

中国版本图书馆 CIP 数据核字（2019）第 123797 号

广西师范大学出版社出版发行

（ 广西桂林市五里店路 9 号　邮政编码：541004 ）
　网址：http://www.bbtpress.com
出版人：黄轩庄
全国新华书店经销
广西广大印务有限责任公司印刷
（桂林市临桂区秧塘工业园西城大道北侧广西师范大学出版社
集团有限公司创意产业园内　邮政编码：541199）
开本：787 mm × 1 092 mm　1/32
印张：9.25　　　字数：170 千字
2020 年 3 月第 1 版　　2020 年 6 月第 2 次印刷
定价：58.00 元

如发现印装质量问题，影响阅读，请与出版社发行部门联系调换。

瓦格纳在瑞士，1869年

瓦格纳和科西玛，1872年

瓦格纳和儿子齐格弗里德在那不勒斯，1880年

# 目 录

# 自序

　　理查德·瓦格纳在欧洲音乐史和文化史上都留下了浓重一笔，对后世影响甚远。瓦格纳是德国歌剧的先锋，似乎德国歌剧也在他这里达到顶峰，至少，到目前来看是这样的情形。但二战期间，希特勒与瓦格纳家族的关系使瓦格纳的音乐蒙上了一层阴霾。

　　瓦格纳的一生经历复杂，跌宕起伏，毁誉参半。他历经革命失败，巴黎受难，瑞士隐居，成为王室座上宾，以及建造拜罗伊特剧院等事件。他两度结婚，第二任妻子科西玛，为钢琴家李斯特的女儿，她为瓦格纳记了14年的日记。尼采与瓦格纳之间的友谊与交恶，又使瓦格纳的私人生活变得趣味横生。

　　瓦格纳生活之背景，正值德国统一前几十年，此间，无政府主义大行其道，早期瓦格纳受此影响，投奔革命。后来，瓦格纳接受叔本华的哲学观，《作为意志和表象的世界》成为他歌剧创作的理论指导，叔本华思想提升了瓦格纳歌剧的美学价值。

瓦格纳一生中，除了创作出《唐豪瑟与瓦特堡的歌唱比赛》(后简称《唐豪瑟》)、《黎恩济，最后的护民官》(后简称《黎恩济》)、《罗恩格林》《纽伦堡的名歌手》《尼伯龙根的指环》《帕西法尔》等歌剧，著述亦颇丰，《未来的艺术作品》《歌剧与戏剧》《艺术与革命》皆是名篇。他率先在艺术上创立"综合艺术"一词。但是，《音乐中的犹太性》一作让他饱受指责，书中他恶意贬低梅耶贝尔、门德尔松等犹太音乐家，而且他用假名发表了此文。

在国内出版界，关于瓦格纳的传记鲜有问世，少数一两本皆为翻译本，累累几十万言，皇皇巨著，加上冗长的文字翻译、烦琐的行文、陌生的引用，使原本生疏的人物愈加难懂，读者几乎望而生畏，失去阅读之乐。

鉴于上述原因，再加上与瓦格纳相关的如此多的历史变迁和人情冷暖，我产生了动笔写作的冲动，想为文艺爱好者们提供一本关于瓦格纳的小书。本书写作方式的灵感来源于《米沃什词典》和《马桥词典》。前者向我展现了意识形态下一个个孤寂的灵魂，他们曾经诗意地活过；后者讲述了发生在乡村里的一系列荒诞怪异的故事，故事的主人公也曾在无奈中度日。因此本书亦采用词条式写作，结构自由，文字简洁朴素，夹叙夹议，既展现了历史细节，也呈现了个人感悟。

为了保证书中所写的资料翔实可靠，我从德国邮购了瓦格纳的相关书籍，皆为德文。在写作过程中，我将有关瓦格纳的资料消化后，分门别类，去粗存精，悉心设计，反复揣摩；以中文书写时，尽量做到直白和通畅，如有二分雅致那就更好。

《瓦格纳词典》主要围绕瓦格纳的著作、歌剧作品及朋友和所谓敌人展开，不涉及专业音乐知识，想必该书更易为广大读者所接受。德国研究瓦格纳的学者乌多·贝尔巴赫（Udo Bermbach），其研究背景专业为政治和哲学，他遵循传统写法，著有《瓦格纳的神话》(Mythos Wagner) 和《理查德·瓦格纳在德国》(Richard Wagner in Deutschland) 等书；还有德国学者、瓦格纳的曾孙女尼克·瓦格纳（Nike Wagner）所著《瓦格纳剧院》(Wagner Theater) 和奥利弗·希尔米斯 (Oliver Hilmes) 所著《山丘的女管家》(Herrin des Hügels)，两书也皆未涉及音乐分析等内容。而我这本"词典"有着不同的语境，有着不同的写作目的和叙述风格。

当然，我不敢高估自己的能力，此书也非解答瓦格纳相关谜题的唯一钥匙，我所做的乃是一次尝试，或者说做一件力不能及的事，投入全部心神而忘掉自己。读者如能借《瓦格纳词典》，窥得19世纪德国的"一段风月"，那将是此书之厚福。最后借用金性尧先生的一段话来结束此序："当着朝阳初升，或灯火乍明，以至车厢舟舱之中，忙里偷闲，随手开卷，偶有会心，掩卷冥想，诗情画意，忽来心头，这便是对我们最大的慰勉……"

# A

## Abendlesen
## 夜 读

　　入夜，万物归寂，一灯荧然，书房内，古籍善本累累。瓦格纳坐在镶着紫色绒布的靠椅上，气定神闲地捧着《浮士德》，语调沉缓。虽然，过去四处漂泊，但他那萨克森的口音，却始终未变。

　　　　北方有锐齿魔神向你进犯，
　　　　他的舌头像利箭一样刺人；
　　　　东方来的魔神，使万物枯干，
　　　　要从你肺里摄取养分。
　　　　若是来自沙漠之地的南方，
　　　　就在你头上烧起一团团热火，
　　　　至于西方的群魔，先之以凉爽，
　　　　却为了要把你和田野淹没。
　　　　——《浮士德》[1]

---

1　歌德.浮士德［M］.钱春绮，译.上海：上海文艺出版社，2010.

一段读毕，他微合双目，沉默稍许。科西玛目光深邃，凝望着瓦格纳。"《浮士德》，字字珠玑，灿若繁星。这是德语文学中的奇葩。歌德采天地之精华，博览众长，铸成硕果。"瓦格纳感叹道。这是1877年8月里的一个夜晚，瓦格纳读得很开心。

瓦格纳与科西玛皆爱夜读，自从他们生活在一起，几乎每晚必读。从科西玛的日记中发现，每当夜幕垂临，家中若无人造访，他们就会收拾好忙碌一天的心，随手翻出一本书，绝少雷同，每日出新，哲学、小说、剧本、新闻、历史，五花八门，品类繁多。虽是夫妻，阅读的口味有时也完全不同。科西玛犹爱翻阅《一千零一夜》，而瓦格纳对此毫无兴趣。瓦格纳的精神世界与古典文学紧密相连。对荷马、但丁的作品，他如数家珍。科西玛1879年5月17日的日记记述了这一点：

荷马不就是大诗人吗？其后所有诗歌艺术皆来源于他。他是伟大的创造者。我们回忆《奥德赛》中诸多场景，谈及《伊利亚特》，两部史诗互为依靠，相得益彰。我们谈及其中之差异。时光匆匆，瓦格纳面带笑容，目光投向时钟。他云：岁月悠悠，今早时光盈盈。

两人常读新闻。1869年7月10日夜晚，瓦格纳夫妇竟然读到一则新闻，称"英国已经将鸦片运往九龙"。估计瓦格纳对九龙这个地方没有什么认识，但瓦格纳生性急躁，听到恼人的事件，往往拍案而起。好在他不住商品房，否则，隔壁邻居要遭大殃了。

科西玛夜读时多次提到"愉悦"一词，可见，他们夜读的目的主要在于怡情养性，启迪心智，增进夫妻感情，而非穷究学理。

瓦格纳和科西玛生活在19世纪是幸事。在那个旧时代，他们恪守知识分子的读书习惯，延续纸墨书香，还能各抒己见，相互借鉴，夫妻间相敬如宾，这实在令人感动。21世纪的晚上，城市华灯迷人，流光溢彩。当家务收拾停当后，世间夫妻如能像瓦格纳和科西玛那样，闲坐书房，在石鼎茶香里，读上一段，体会"虚静"的惬意人生，那该多好啊。

## Adolf Hitler
## 阿道夫·希特勒

2016年，德国电视台播放希特勒的纪录片《希特勒的私生活》，片中介绍了希特勒生前爱读的书和喜欢的画家，当然还有他崇拜的瓦格纳。

1933年，对于德国是个转折的年头——希特勒登上德国权力的最高峰。这一年也是瓦格纳辞世50周年。犯下滔天罪行的人，毋庸置疑，是个"巨人"。《凡尔赛条约》的签订让德国背上巨额赔款，导致国内经济危机爆发，民众怨声载道。希特勒倡导的国家社会主义，恰逢其时，万民响应。

希特勒深知，日耳曼人的民族主义情绪，像春寒料峭中的花骨朵，还未绽放，他急需有力的证据煽风点火。希特勒见到民粹主义作家张伯伦的著作《19世纪的基础》，茅塞顿开，万般激动，豁然开朗。他终于从那里找到反犹的理论依据，这也成为他革命运动的突破口。1923年11月初，34岁的希特勒信心满满地来到拜罗伊特，看望张伯伦。短暂的面晤后，衰老的张伯伦恢复了活力，他认为希特勒可以担当"革命"的舵手，并给希特勒指点迷津。张伯伦看到，希特勒身上集酒神的狂躁不羁和宙斯的唯我独尊于一体。他心想：拜罗伊特的天空应该由这位年轻的政治家来描绘；瓦格纳的神话和拜罗伊特的神话需要希特勒重新注入滚滚的热泉，以焕发新生。

如果《19世纪的基础》一书堪称张伯伦的"巨著"，那希特勒就是他在实验室里精心培育的"提坦"。如果说张伯伦"走运"，那也不错，他活着时，其学生希特勒已经成为"了不起"的领袖。1927年，张伯伦在拜罗伊特去世，希特勒带领纳粹高官，集体为其吊唁。就瓦格纳和张伯伦的葬礼规格来说，张伯伦的葬礼似乎规格更高。尽管路德维希二世的高级幕僚出席了瓦格纳葬礼，但德国皇帝并未出席；而张伯伦在这点上超越了他的岳父大人。

1933年，希特勒策划了慕尼黑啤酒馆的暴动事件。同年戈培尔借助广播，讲述瓦格纳的传奇，为第三帝国的崛起摇旗呐喊："瓦格纳善用他的双眼，一只笑眼里，流露出浪漫豪情，一只哭眼里，满是帝国的哀伤。"此外，第三帝国的杂志铺天盖地，称瓦格纳是第三帝国的预言家，千年不遇的天才。他用《唐豪瑟》讲述英雄的悲情命运；他用《罗恩格林》宣传德意志战争的迫在眉睫；他用《尼伯龙根的指环》警示因种族杂交后造成的种族衰败。瓦格纳的作品和拜罗伊特，彻彻底底被曲解和利用了。

Adolf von Groß

## 阿道夫·冯·格罗斯

阿道夫·冯·格罗斯精明能干，意志坚定，是难得的商业人才。这是瓦格纳对格罗斯的评价。在瓦格纳晚年，格罗斯受聘于瓦格纳家族，担任财务总管，管理剧院及家庭的资金账务。鉴于格罗斯人品高尚，忠心耿耿，科西玛对他敞开心扉，无所不谈。

阿道夫·冯·格罗斯的祖上家境殷实，他的童年在他爷爷买下的修道院里度过。苦修式的读书生活令他感到乏味，他钟爱整理和修缮家中各式各类的家具、图书和相关物件。青年时期，他在汉堡的一家银行工作，除了完成日常的工作，还广泛结交王公巨贾，积累人脉，这对他后来在拜罗伊特掌管财务工作起了非常大的作用。格罗斯不仅精于账务，锱铢必算，也深谙许多筹钱之术。

说到格罗斯和瓦格纳一家的缘分，还要感谢格罗斯的岳父大人，银行家弗里德里希·福伊斯特（Friedrich Feuste）。福伊斯特深受瓦格纳尊敬，后来格罗斯经常协助岳父处理瓦格纳家族中的许多事宜。日久见人心，格罗斯赢得了瓦格纳的信任。

瓦格纳刚刚去世时，科西玛万念俱灰。拜罗伊特剧院建成后首演时万人空巷、灯火璀璨、声乐震天的景象，依旧历历在目。如今，"物是人非事事休，欲语泪先流"。为了剧院的未来，科西玛下定决心，像男人一样果敢和冷静，坚强面对。格罗斯在这段时间鼎力相助，不惜动用个人资产帮助她，以维持剧院的日常运作。

1886年，巴伐利亚的国王路德维希二世溺死于湖中。噩耗传到拜罗伊特，这对于拜罗伊特剧院一定不是个好的预兆，因为，路德维希二世是瓦格纳及拜罗伊特剧院最大的资助人。如今，供养人下世，那往后的资金来源怎么办？科西玛手上有封1884年路德维希二世写给科西玛的信，信上同意给拜罗伊特剧院一笔款项。格罗斯携此信来到慕尼黑，面呈时任总理大臣弗里德里希·卡夫特·冯·克赖尔斯海姆（Friedrich Krafft von Crailsheim）。狡猾的克赖尔斯海姆阅信后，对格罗斯说：这是国王两年前所书，当时，国王患有严重的精神疾患，所以，信上内容无法兑现。克赖尔斯海姆的意思是：钱——你就别想了，你们已经花光了国王所有的积蓄，而且还透支了他的生命。阿道夫·冯·格罗斯机智申辩，巧妙应对道：如果两年前的这封信是一纸空文，那么两年前任命男爵您为总理大臣的委任状，一样也是自废其言。克赖尔斯海姆自觉理亏。最终，这笔款项如数交付给了科西玛。

此后，阿道夫·冯·格罗斯与家族继承人齐格弗里德·瓦格纳在许多问题上意见相左，遂生芥蒂，后便离开了拜罗伊特。过世后，他的墓碑立在拜罗伊特的圣乔治街上，墓冢造型简朴大方，青石墓碑上，仅刻有名字和生卒年月，显得极为寒碜，这倒是很符合阿道夫·冯·格罗斯在世时用钱的原则："应该用的，为公益用的，一千一万都得用；自用的，消耗的，连一个钱都得考虑，都得节省。"

Arthur Schopenhauer

## 亚瑟·叔本华

　　伟大的思想者在其所在的短暂时代，就犹如一座大厦坐落在一狭窄的广场。也就是说，人们无法看到这座大厦的整体，因为人们距离这大厦太近了。出于相似的原因，人们对伟大思想者的巨作不会有所发觉，但相隔了一个世纪以后，人们才会认出这一巨作的价值，才会怀念其作者。

——叔本华《论判断、批评和名声》

　　他，一个糟兮兮的小老头，秃发严重，两端翘起的头发像两把扫帚，向天挥舞。他用寒冷和绝望的目光看着世界，一言不发，任凭世界一步步滑向泥沼。这就是叔本华留给我们大概的印象。

　　对他，你喜欢也好，讨厌也罢，他就是这样，从不献媚世人，只是试图用苦涩的笔调唤醒贪婪与冷漠的世人。切斯瓦夫·米沃什在《米沃什词典》中如此评价叔本华：

　　我大大受益于这位哲学家，如果跳过他不说，那是不对的。他的书摆放在我的书架上，供我不时沉浸其中。的确，他一直是许多诗人和艺术家的伴侣，尽管人们在他那里发现的东西随着时间而改变。他被认为是极端的悲观主义者。那么，当我们现在记录20世纪的生存经验，他对我们有何用处？但愿我们留意他的警告……他一丝不苟地完成了作为一个哲学家的职责。

　　如果说费尔巴哈和蒲鲁东给了瓦格纳革命的勇气和昂扬的斗志，那么叔本华则震颤和慰藉其心灵，从而使瓦格纳懂得歌剧在讲述一个崇高的爱情故事之外还应该具备形而上的高度——人生的真谛就是对生命的礼赞。春心荡漾和万念俱灰不过是瞬间，尘世一生，不过幻梦一场，唯持有一颗视死如归的心，才是真正的觉醒。

　　柏林的冬天，寒冷。来自波罗的海的阴云笼罩在勃兰登堡上空，使原本晦暗的城市显得愈加萧瑟和凄楚。叔本华和黑格尔同在柏林大学教课。在叔本华心里，黑格尔是个沽名钓誉的诡辩家，满嘴油滑，世故老道。他想用自己的哲学修养和人生智慧与黑格尔做一番刀光剑影、你死我活的较量。可惜，事与愿违，他所教班级的最后三个学生，在听完他早间第一节课后，都开溜了。空空的教室，寂寞的书桌，让叔本华黯然神伤。在刺骨的寒风中，他离开了柏林，不过他明白了一个真理——真正具有智慧的人是得不到理解和赞赏的。

　　叔本华的父亲是个成功的商人，母亲是名作家，与歌德有点头之交。家庭条件允许他过衣食无忧的生活，使他自由自在、天马行空地活着，就这样寒来暑往。叔本华平日里大量阅读，潜心写作。除了完成《作为意志和表象的世界》（ *Die Welt als Wille und Vorstellung* ，1819），还写了《论视觉与颜色》《论道德的基础》《附录和补遗》等。

1859年，瓦格纳结束了苏黎世隐居生活；而这一年，叔本华有个特大的喜讯，《作为意志和表象的世界》第三版在欧洲获得巨大成功。然而彼时，叔本华已是两鬓斑白的72岁老人。好在历经世事沧桑，他早已能够坐看风起云涌。他想到意大利文艺复兴时期的诗人彼德拉克曾经说过：谁要是走了一整天，傍晚走到了，那也该满足了。

瓦格纳初次接触《作为意志和表象的世界》是在1854年，显然，在大多数欧洲人开始阅读叔本华之前，瓦格纳就已经读过了。同年，瓦格纳去信向好友李斯特推荐了叔本华。他在信中写道："叔本华，这位被大学忘却了近40年的哲学家，他的伟大竟然是被一个英国人发现的，这简直是德国人的耻辱。他认为生命的悲剧在于无节制的欲望的接踵而至，循环往复。放弃欲念是自我的救赎的唯一途径。"

在《作为意志和表象的世界》出版后30年，德累斯顿的革命失败，德意志年轻人的梦想——德国统一的进程暂时搁浅。面对前途，幻灭感在青年中间蔓延，叔本华的书正好在这个当口，填补和修复了革命青年因焦虑和失望而产生的空虚。但是，德国作家托马斯·曼认为叔本华的哲学不过是些肤浅的心灵鸡汤：因为叔本华写这本书时才30岁，如此年纪又怎能洞悉世事的变幻和世态炎凉呢？

瓦格纳借叔本华的哲学观拓展其歌剧的维度，也提升其思想高度。在现实生活中，叔本华的书也为瓦格纳和科西玛维持暧昧关系提供了小窍门。1866年，在瑞士卢塞恩隐居的瓦格纳与科西玛之间互为往来的电报中，所用的笔名就是来自叔本华的名著；彼时，科西玛还是比洛夫人。德语中Wille 的意思为"意志"，瓦格纳在电报中署名 will（省掉 e），Vorstellung 的意思为"表象"，科西玛在电报中署名 vorstel（省掉 lung）。他们借叔本华的著作，设计文字游戏，而达到迷惑他人的目的。科西玛的前夫比洛可能不擅长符号学的猜谜游戏，拆解不了这些符号背后真正的含义。或许，对于妻子红杏出墙之事，他早已心知肚明；也有可能他正运用叔本华的哲学思想，理疗婚变而引起的苦闷。他目光冷冷地看着瓦格纳和科西玛"自甘堕落"下去。

叔本华年长瓦格纳25岁，早逝于瓦格纳。据现有史料来看，瓦格纳与叔本华素未谋面，这实在有点可惜。

托马斯·曼在瓦尔特堡，1949年

Bayreuth

## 拜罗伊特

世间诸多名胜，并非因其有瑰丽之山形地貌，或是流泉飞瀑，或是奇松怪柏，而闻名于世。诸葛亮居隆中，则使该地多了几分道骨仙风之气；林和靖在西湖种梅养鹤，便使西湖添了几分野逸；高更遁世隐居于塔希提岛，而使该处多了文明的气象。这便是所谓"山不在高，有仙则名"。

拜罗伊特，位于德国南部，属于拜恩州，常住居民约7万人。在19世纪，它真的不过就是个名不见经传的小镇。三十年河东，三十年河西，时来运转，瓦格纳来这里建造了一座剧院；如今，这里每年定期举办的瓦格纳歌剧节，吸引了成千上万的游客、音乐爱好者到此欢聚一堂，热闹之外，拜罗伊特也获得了不少旅游收益。德国学者尼克·瓦格纳在其书《瓦格纳剧院》中写道：拜罗伊特之于瓦格纳，就像萨尔茨堡之于莫扎特。

拜罗伊特剧院不单单是一幢建筑，而是一个伟大激进的梦想。为了实现这个梦想，瓦格纳整整奋斗了一生。瓦格纳与罗西尼、比才、威尔第、普契尼等歌剧作家的不同之处，不仅仅在于他有《纽伦堡的名歌手》《尼伯龙根的指环》《特

August Röckel

## 奥古斯特·厄科尔

他有哲学家那样深邃的眼睛，有基督徒悲天悯人的仁心，有革命家狂热的激情。

厄科尔家族中的多数成员，耽于纯之又纯的"精神世界"，但奥古斯特·厄科尔对此毫不理会。在家人眼里，他叛逆乖张，做事我行我素。他主张人不能仅仅耽于精神生活，应该直面社会现实，惩恶扬善，治病救人。

他是德国的指挥家、作曲家，也是瓦格纳的挚友，彼此年龄仅差一岁。德累斯顿革命期间，他们并肩作战，相互砥砺。厄科尔的爸爸约瑟夫是位歌剧演员，擅吹奏黑管。厄科尔从小就接受古典音乐的熏陶，后由叔叔辅导学习乐理知识。在1839—1842年间，厄科尔作为乐队指挥，在魏玛宫廷歌剧院工作。1842年，他来到德累斯顿，结识瓦格纳。当时，瓦格纳在宫廷歌剧院担任音乐指挥，他还指挥过厄科尔的一幕歌剧，但反响平平。

厄科尔是一名共和派的领导者，他与巴枯宁的关系甚好，他们都憎恶旧制度。1848—1849年间的德累斯顿革命失败后，厄科尔和巴枯宁均被捕入狱，判处死刑。在他被关押

期间，恰逢李斯特在魏玛担任指挥，其夫人和孩子受李斯特庇护。瓦格纳逃亡苏黎世期间，曾和厄科尔在信中数次讨论《尼伯龙根的指环》。1862年，厄科尔与瓦格纳在威斯巴登见面，可惜，他们此次交谈并不愉快，最终不欢而散。1871年5月的一天，科西玛与瓦格纳聊及数年前的一段苦难岁月，瓦格纳谈及厄科尔，称厄科尔在监狱中度过13年，无奈时光飞逝，事业无成，晚景尤为凄凉。

事实上，晚年的厄科尔忙于写作，1872年中风后，与孩子居住在布达佩斯，4年后殁于布达佩斯。

**B**

里斯坦和伊索尔德》等作品，而且在于他敢于建造一座属于自己的歌剧院，目的仅仅是上演自己的歌剧作品——这想法多少有些自私。在瓦格纳眼里，歌剧诗人的桂冠应该戴在自己的头上。1851年，在结束《尼伯龙根的指环》剧本写作后，他给李斯特写信，信中讲述他要选择一处幽僻之地，建造一个新颖的歌剧院。设计上，其式样仿效古希腊竞技场，指挥和乐手藏于台下，舞台之上，灯光之下，唯有演员。

　　设计这座剧院的建筑师是瓦格纳的朋友奥托·布吕克瓦尔德（Otto Brükwald），1860年，他曾在德累斯顿学习建筑，瓦格纳比他年长27岁。拜罗伊特剧院是一座集文艺复兴风格和新古典特点于一体的建筑，外形像个八音盒，橘色的外墙，四围古树浓荫环抱，宛若世外桃源。另外一座名叫"新歌剧院"的建筑，也是出自该建筑师之手。它是莱比锡歌剧院的前身，在二战中损毁严重，后经大规模重建，古貌换新颜，残存的几块建筑浮雕，在剧院永久陈列，既当古董，也做警世之物。

　　1872年10月19日，科西玛的日记有如下记录：瓦格纳认为，关于《尼伯龙根的指环》的演出，就歌手和演员的开销，如果没人出30万塔勒（当时不来梅地区的货币，1873年改为古尔登币），他是不会上演的。30万塔勒按照今天的货币换算，估计是笔不小的费用。瓦格纳拉起赞助来，时常狮子大开口，这让那些大公、贵族头疼不已。路德维希二世就

第一届拜罗伊特音乐会时的漫画，1876年

August Röckel

## 奥古斯特·厄科尔

他有哲学家那样深邃的眼睛，有基督徒悲天悯人的仁心，有革命家狂热的激情。

厄科尔家族中的多数成员，耽于纯之又纯的"精神世界"，但奥古斯特·厄科尔对此毫不理会。在家人眼里，他叛逆乖张，做事我行我素。他主张人不能仅仅耽于精神生活，应该直面社会现实，惩恶扬善，治病救人。

他是德国的指挥家、作曲家，也是瓦格纳的挚友，彼此年龄仅差一岁。德累斯顿革命期间，他们并肩作战，相互砥砺。厄科尔的爸爸约瑟夫是位歌剧演员，擅吹奏黑管。厄科尔从小就接受古典音乐的熏陶，后由叔叔辅导学习乐理知识。在1839—1842年间，厄科尔作为乐队指挥，在魏玛宫廷歌剧院工作。1842年，他来到德累斯顿，结识瓦格纳。当时，瓦格纳在宫廷歌剧院担任音乐指挥，他还指挥过厄科尔的一幕歌剧，但反响平平。

厄科尔是一名共和派的领导者，他与巴枯宁的关系甚好，他们都憎恶旧制度。1848—1849年间的德累斯顿革命失败后，厄科尔和巴枯宁均被捕入狱，判处死刑。在他被关押期间，恰逢李斯特在魏玛担任指挥，其夫人和孩子受李斯特庇护。瓦格纳逃亡苏黎世期间，曾和厄科尔在信中数次讨论《尼伯龙根的指环》。1862年，厄科尔与瓦格纳在威斯巴登见面，可惜，他们此次交谈并不愉快，最终不欢而散。1871年5月的一天，科西玛与瓦格纳聊及数年前的一段苦难岁月，瓦格纳谈及厄科尔，称厄科尔在监狱中度过13年，无奈时光飞逝，事业无成，晚景尤为凄凉。

事实上，晚年的厄科尔忙于写作，1872年中风后，与孩子居住在布达佩斯，4年后殁于布达佩斯。

# B

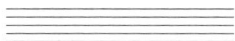

## Bayreuth
### 拜罗伊特

　　世间诸多名胜，并非因其有瑰丽之山形地貌，或是流泉飞瀑，或是奇松怪柏，而闻名于世。诸葛亮居隆中，则使该地多了几分道骨仙风之气；林和靖在西湖种梅养鹤，便使西湖添了几分野逸；高更遁世隐居于塔希提岛，而使该处多了文明的气象。这便是所谓"山不在高，有仙则名"。

　　拜罗伊特，位于德国南部，属于拜恩州，常住居民约7万人。在19世纪，它真的不过就是个名不见经传的小镇。三十年河东，三十年河西，时来运转，瓦格纳来这里建造了一座剧院；如今，这里每年定期举办的瓦格纳歌剧节，吸引了成千上万的游客、音乐爱好者到此欢聚一堂，热闹之外，拜罗伊特也获得了不少旅游收益。德国学者尼克·瓦格纳在其书《瓦格纳剧院》中写道：拜罗伊特之于瓦格纳，就像萨尔茨堡之于莫扎特。

　　拜罗伊特剧院不单单是一幢建筑，而是一个伟大激进的梦想。为了实现这个梦想，瓦格纳整整奋斗了一生。瓦格纳与罗西尼、比才、威尔第、普契尼等歌剧作家的不同之处，不仅仅在于他有《纽伦堡的名歌手》《尼伯龙根的指环》《特

拜罗伊特剧院内外观，1872—1876 年

是因为他，而被王公大臣们指责花钱无度，最终不得不赶走这头喂不饱的狮子。

对于拜罗伊特，1883年2月13日是最为沉重和悲伤的一天——那天瓦格纳心脏病突发，在威尼斯去世。他的灵柩一路从威尼斯转因斯布鲁克，再转慕尼黑，最终运达拜罗伊特。微雨的清晨，一面面黑色的旗子沿街垂挂，街上万人空巷，为大师的陨落而悲叹。在护送灵柩的队伍中，有巴伐利亚国王特使和魏玛大公，以及哲学家斯泰因等人。魂兮归来。从此，拜罗伊特的小广场上再也见不到那个戴着贝雷帽的身影了。

瓦格纳去世后，拜罗伊特剧院迎来新的掌门人科西玛。虽是女性，但她行事麻利果断，有几分泼辣。瓦格纳去世后，科西玛与沃尔措根建立了一个叫"瓦格纳圈子"的小组，专门研究如何开发瓦格纳的遗产。20世纪30年代，沃尔措根曾给希特勒撰文《时代音乐》，在文中对希特勒大加赞赏，认为他是继瓦格纳之后一位能够引领德国精神的巨人。当然，这无边的吹捧导致的是毁灭性的灾难。从这以后，拜罗伊特剧院渐渐成为纳粹经常光顾的后花园，希特勒和纳粹的高官戈林、戈培尔都数次造访。一行葡萄架下，希特勒与维尼弗瑞德（齐格弗里德·瓦格纳的妻子）闲坐，喝着咖啡。《众神的黄昏》是希特勒的最爱。观摩表演后，希特勒少不了留下个红包给拜罗伊特剧院。

从此，这个幽僻的小镇变得不再宁静，绿色的山岗成了纳粹的跑马场，一批批即将开赴前线的纳粹新兵乘火车来这里，接受音乐教育和熏陶，震天响的乐声配合英雄的泪水，像一剂兴奋药，把"瓦格纳的意志"注入他们懵懵懂懂的心灵。不久，他们就"雄赳赳气昂昂"地开赴前线去了……

几十年风雨过后，纳粹的阴霾散尽。深陷历史漩涡中的拜罗伊特，告别激情与亢奋，回归日常的平静，曾经的荒谬得到纠正与反思。

拜罗伊特是瓦格纳的一个梦，拜罗伊特是地上的一座城，拜罗伊特是德国精神的一个坐标。

C

*Codex Manesse*

## 《马内塞手抄本》

瓦格纳想必知道《马内塞手抄本》，因为《唐豪瑟》里的维纳斯堡和圣女伊丽莎白的原型出自该书。1748年，约翰·雅克布·博德默尔（Johann Jakob Bodmer）首次选编该手抄本中的部分诗歌，于苏黎世结集出版；全集则于1758年出版。从最初的手抄本到印刷体出版，其间历经五六百年。

瓦格纳为德国歌剧耗尽一生。年轻时，瓦格纳心里就有关于"德国"的概念。何为"德国性"（German or Deutsch）？在欧洲，较之意大利和法国，德国文艺和科学的发展相对滞后。中世纪时期，确切说是10世纪之后，拉丁语和法语是欧洲两大语言。拉丁语的使用主要集中于教会，法语是贵族和上流社会的通用语言。而中世纪的德语诗歌和文艺作品，主要模仿法语文艺作品。德国学者海因茨·史腊斐（Heinz Schlaffer）在其书《德意志文学简史》的中文版序中写道："从中世纪晚期到18世纪中期，德国与同时期的意大利、英国、法国、西班牙相比，寂寂无名，无足轻重。当时之所以没有出现可与其他民族文学媲美的德语作品，要归于两个原因：首先是德语命运多舛，在中世纪学者那里受到拉丁语的排挤，在近代早期则被法语取代；其次是在宗教分裂的德意志社会，宗教话语占据了主导地位。"

在18世纪，歌德和席勒是欧洲文艺巨擘，与歌德同时期的音乐家贝多芬，也是万人仰慕。文学、音乐皆有德国性的特色了，唯有歌剧，德国还落后于法国、意大利。瓦格纳肩负德国民族复兴的使命，欲创造德国样式的歌剧。寻求艺术的民族性，也就是寻求民族文化的内核。不光文学、艺术，在18—20世纪，德国其他学科如地理学、考古学和分析学三者致力"深处"的阐释，都有较大发展。在这一时期，德意志民族力图全面振兴本民族的文化，为迎接统一的德国做精神上的准备。

如今，《马内塞手抄本》藏于海德堡大学图书馆。该书以高地德语书写，唯有极少数的几位古文字学家可以欣赏其高古的文风，绝大多数当代德语读者只能望洋兴叹。该手抄本并无一个完整的结构和脉络，从14世纪开始，前后共有110位作者参与书写。其中含有160位诗人的作品，6000段诗行，还包括130幅精美的彩色插图，色彩艳丽，饰有描金边框。哥特体的书写风格，宛若精美刺绣。手抄本中贵族、僧侣、骑士、少女以及建筑造型，古朴稚拙，天真烂漫，弥漫着浓郁的世俗气息。

Cosima
## 科西玛

她是李斯特的三女儿，自幼由其祖母抚养，性格冷漠、敏感而独立。她从小爱阅读，通音乐，10岁后跟从父亲李斯特生活。

她和比洛结婚后育有二女。婚后的日子，比洛忙于四处演出，无心顾家。科西玛常常夜半醒来，长夜漫漫，寂寞推窗，紫丁花香，裹挟着凉意，阵阵袭来，真是"异乡易得离愁病，妙药难医肠断人"。比洛不可谓不优秀，他是李斯特眼里的未来新秀，其家族是末日的贵族，骨子里流着日耳曼民族的血液。他儿时聪慧过人，不幸得过脑膜炎，落下后遗症，成年后长期服用吗啡，用以缓解病痛。这也致其精神上困顿萎靡。在科西玛眼里，比洛实在算不上男神。

婚后，比洛曾经带着科西玛拜访过瓦格纳。当时，瓦格纳在瑞士隐居，虽然藏匿于寥落的空山，但在外面的世界已是声名赫赫。瓦格纳自从德累斯顿革命后，四处游走，时常口袋吃紧，但是他有大丈夫横竖一条命的气概，抱着"宁可我负世界"的信条，海阔天空地活着。而比洛整日忙于排练、演出，是困于作息时间表的奴隶，像磨坊里套上笼头的驴子，实在不像大师。论个人魅力，在科西玛眼里，瓦格纳气宇不凡，纵横捭阖，虽然垂垂老矣，但他犹如傲雪凌霜的千丈松，孑然峭立，别有一番魅力。

比洛是柏林赫赫有名的指挥。作为比洛的妻子，科西玛也可算荣耀在身，光芒四射。可是科西玛却另有打算，她觉得"嫁鸡随鸡"实在与本性相违，自己的后半生难道就这样委屈自己？

1866年4月，春光烂漫，鸟语轻啼。柏林的早晨，大街小巷车水马龙，人声喧沸。科西玛用完早餐，叫起躺在床上的达尼拉（Daniela）和布拉狄内（Blandine）[1]，收拾好行囊。出门，坐上马车，去往火车站。她们的目的地是瑞士的特里布辛（Tribschen）小镇。布拉狄内睡眼惺忪地问科西玛这是要去哪里，科西玛目光凝重，似笑非笑地回答：去看瓦格纳伯伯。

科西玛离开比洛，投奔瓦格纳。对于德国音乐圈的朋友们，这是个茶余饭后的谈助，足以哈哈一乐。面对妻子"红杏出墙"，比洛也只能苦叹命运的捉弄。科西玛父亲李斯特知道此事后，义愤填膺，叹息女儿的胡闹，也痛责瓦格纳的狼心狗肺，连朋友的女儿都不放过，誓与他们断绝往来。

瑞士的特里布辛，山峦连绵，湖光荡漾，满目葱翠。科

---

1　科西玛与前夫比洛生有两个女儿达尼拉（Daniela，1860—1940）和布拉狄内（Blandine，1863—1941）。科西玛与瓦格纳生有两个女儿伊索尔德（Isolde，1865—1919）和爱娃（Eva，1867—1942），还有儿子齐格弗里德（Siegfried，1869—1930）。

西玛在这里几乎忘却柏林的单调乏味，工业城市的机械轰鸣声此刻幻化为鸟语花香、涓涓流泉。科西玛于是决定，要与瓦格纳生活在一起。

科西玛对瓦格纳怀有"海枯石烂"的情爱，那是出自真心。有一事可以为证：她从1869年开始，便每日记述与瓦格纳的生活，一直延续到瓦格纳魂归西天。长达14年的日记，皇皇巨述，磊磊用心，即是一片痴心的凝结。从这一点可看出，科西玛的意志何其坚定。这样一种品质，为她日后掌管经营拜罗伊特剧院提供了基础。

此处，摘录她写于1869年1月1日的首篇日记。

扉页上写道："此书献给孩子们。"

特里布辛，卢塞恩，1869。

齐格弗里德是妈妈的宝贝。[1]

在圣诞节，我迎来了31岁的生日。新年伊始，我决定用文字记录每日所见、所闻、所思、所想，这些文字将供你们成人后，阅读品味，从而理解母亲的一番心思。母亲必定先于你们离开世界，希望你们能够坚定心志，磨炼自己，完成我的遗愿。我所经历的生活，将来你们也会期遇……

31岁的女人，她此时已有两个女儿，一个9岁，一个6

---

1  此时，齐格弗里德还未降生，他生于1869年6月6日——作者注。

岁。在日记里，她知道人生如白驹过隙，倏忽即逝，但是她无半点"绝圣弃智"的思想，还鼓励孩子长大后，完成她的遗愿，可见其功名之心亦是重的。

1870年12月25日早晨，太阳从山后徐徐升起，刹那间，山谷空明，玉宇澄碧，阳光透过绣花窗帘，直直晒在科西玛的脸上。朦胧间，她听到楼梯间传来悠扬的音乐。为了庆祝科西玛生下儿子，瓦格纳创作了《齐格弗里德牧歌》，楼梯间，几名乐手深情演奏。科西玛热泪涌动。这一年瓦格纳已经57岁，可算是老来得子。

在瓦格纳去世前夕，她与瓦格纳去往威尼斯疗养，落日残阳，橘色光芒印染海面，圣马可广场笼罩在灿烂烟霞之中，生命里历经的沧桑在此刻已化为甜甜的回忆，世界在他们眼里几近完美。

瓦格纳去世前，科西玛是女人；瓦格纳下世后，科西玛几乎成为男人。

拜罗伊特剧院几十号人马，光吃吃喝喝就是个大问题。科西玛既要忙于瓦格纳音乐节的安排，还要到处"化缘"，为演出筹款。科西玛深知理论建设的重要，她广纳人才，以她为核心，建立拜罗伊特小精英团体。她也不惜在女儿的婚嫁上动足脑筋，女婿要学有所专，为她所用。大女儿的丈夫就是小有名气的艺术史学家亨利·托德（Henry Thode），她建议女婿改弦易辙，放弃研究文艺复兴艺术，专攻瓦格纳遗产。对女婿来说，委曲求全难免人格扭曲，最终婚姻走向失败。把小女儿爱娃许配给张伯伦，也是深谋远虑。在拜罗伊特的管理权上，她与三女儿伊索尔德和女婿甚至不惜对簿公堂，因为她要将权力之印交给儿子齐格弗里德。

一战后，德国战败。巨额赔款使社会经济生活陷于困境，民不聊生。民族主义情绪开始滋生，科西玛看到这里似乎大有文章可做，组织沃尔措根和张伯伦编写文章，宣扬德意志精神与瓦格纳作品的关系。旋即，瓦格纳成为德国精神的象征，他作品中震耳欲聋的声响仿佛成为民众的呐喊声，一浪高过一浪，响彻世界。

科西玛活得很久，年老体衰，整日躺在一张藤椅上。午后斜阳，她时常昏昏欲睡，一阵风袭来，她微启睡眼，望着屋内瓦格纳的画像——它就挂在她视线的前方，久久凝视。她心里在想什么呢？1930年，她死后不久，儿子齐格弗里德也去世了。

晚年科西玛与儿子齐格弗里德一家，1917年

# D

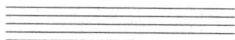

*Das Kunstwerk der Zukunft*

## 《未来的艺术作品》

《未来的艺术作品》是瓦格纳过了而立之年后的理论著作，也是继《艺术与革命》之后的作品。

1849年，德累斯顿革命失败后，为躲避追捕，瓦格纳隐居苏黎世。他在两个月内完成了《未来的艺术作品》的创作。事后，他写信给柏林的乌利希，说自己将不再写作。不过，之后瓦格纳还是写了臭名昭著的《音乐中的犹太性》。

《未来的艺术作品》是瓦格纳对哲学家费尔巴哈《未来哲学原理》的一份回应。瓦格纳对于费尔巴哈的学说非常认可，这也是促使他奔走革命的原因之一。1849年10月，瓦格纳读到费尔巴哈的两篇文章《对死和永生的反思》《基督教的本质》。费尔巴哈的散文写作特点深深影响了瓦格纳的写作，《未来的艺术作品》的写作风格与费尔巴哈的文章极其相似。关于这一点，瓦格纳的传记作家纽曼在书中也多次提到。不过，瓦格纳读过叔本华的《作为意志和表象的世界》后，费尔巴哈的书籍就淡出了瓦格纳的视野。

在《未来的艺术作品》里，瓦格纳创造出两个词语：文字诗人（word-poet）和音调诗人（tone-poet）。他认为两者未必泾渭分明。《未来的艺术作品》是一篇美学宣言，彰显了拜罗伊特剧院演出的格调和品位。

## 《飞翔的荷兰人》

记忆中,"飞翔的荷兰人"这个词,曾出现在纪录片《伊文思》(一位荷兰导演的作品)里。画面里的伊文思,满头银发,和夫人出现在一望无际的沙漠,他满面沧桑。纪录片中称伊文思为"飞翔的荷兰人"。

闲聊某国时,我们脑海里时常会自动浮现与该国人相对应的性格,其实许多印象也只是道听途说。比如,法国人"不靠谱""不守时",爱夸夸其谈;德国人"严谨""认真"又"固执";谈到邻居日本,会说他们"细致"又"野蛮",在"极致"中寻求美的本质等。荷兰人很少出现在日常谈话中,如果提到荷兰,"飞翔"可能是绕不开的话题。

"Fliegende"(飞翔)一词,除了有"漂泊"感外,还有"诡异""灵异""幽灵"和"厄运"等一系列相关的意思。

荷兰人的航海史可追溯到好几百年前。最早关于"飞翔的荷兰人"的典故,源于300多年前,那是个大家耳熟能详的海上幽灵船的故事。17世纪是荷兰海上黄金时代,伯纳德·福克(Bernard Fokke)船长指挥自己的舰船,以异于寻常的速度,航行于荷兰和印尼爪哇(Java)之间,真有点"千里江陵一日还"的意思。由于他的船舰的速度实在快得离奇，不禁令人怀疑他是灵异上身。关于福克船长的恐怖名声，不胫而走，他成为坊间"飞翔的荷兰人"的一个经典形象。关于"飞翔的荷兰人"的传说，还有其他一些版本，多数都与航海历史有关。

早在里加（拉脱维亚的首都）的时候，瓦格纳就已经拜读过海涅的作品。这位用泪水过滤诗行，将哭泣化为艺术梦语的诗人，给瓦格纳无穷的激情和斗志。1841年瓦格纳和夫人米娜搭乘"忒提斯"号（Thetis）船，在去往英国的航路上，遭遇暴风，后经苏格兰去往挪威。面对高山峻岭、变幻莫测的峡湾，水手们哼唱水手号子，气势雄壮，伴着苍茫肃穆的海景，瓦格纳内心升腾起壮烈之情，大有"风萧萧兮易水寒，壮士一去兮不复还"之概。《飞翔的荷兰人》初稿就此酝酿在瓦格纳的脑海里。

瓦格纳告别伦敦后，去了巴黎。在巴黎期间，瓦格纳完成了《飞翔的荷兰人》的剧本。1842年，瓦格纳离开巴黎回到德累斯顿。1843年1月2日该剧在德累斯顿宫廷剧院首演。"飞翔的荷兰人"的典故最初与速度有着密切的关系，而瓦格纳的歌剧《飞翔的荷兰人》则展现了人在世界上的境遇：一个被文明世界抛弃的人，一个孤独彷徨的人，一个生活在诅咒中的苦难人。《飞翔的荷兰人》是瓦格纳早期作品之一，荷兰人在剧中像个符号，遭到了诅咒；现实中，瓦格纳也不如意，只得苦叹："我本将心向明月，奈何明月照沟渠。"可谓英雄惜英雄也。

*Der Ring des Nibelungen*

## 《尼伯龙根的指环》

　　《尼伯龙根的指环》是瓦格纳的名篇。这部歌剧作品草创于1848年，当时瓦格纳正忙于德累斯顿的革命运动，革命失败后，瓦格纳辗转各地，其间忙于《黎恩济》《罗恩格林》《飞翔的荷兰人》等剧本创作，因此《尼伯龙根的指环》迟迟未能完成。直到1876年，这部作品才在拜罗伊特首演。历时28年，总算为它的诞生画上了完美的句号。

　　在苏黎世期间，瓦格纳为《尼伯龙根的指环》创作了700页剧本。关于这部剧本的创作，他先后与李斯特、厄科尔和乌利希通信。这是一部集北欧神话、德国民歌、政治美学、哲学于一体的伟大作品，它宣告了伟大的日耳曼歌剧时代的来临。它用史诗般的音乐篇章唱出了现代德国或是现代欧洲的信仰危机和精神苦厄，用哲学家的视角诠释了诸神和凡夫们的欲望之牢，用艺术的语言尝试拯救精神萎靡的人类。《尼伯龙根的指环》中有爱情、欲望、失忆和魔咒几个关键词。

　　爱情——存在于希格蒙德和希格林德（兄妹）、齐格弗里德和布隆希尔特这两对情侣之间。人神之恋发端于希腊神话。英雄不问出处，爱与被爱也可以不论年纪和尊卑。希格蒙德和希格林德是主神沃坦（Wotan）与人间一女子所生的一对孪生兄妹，爱情偏偏降临在他们身上，乱伦之恋必定是悲剧的起因。齐格弗里德是希格蒙德和希格林德之间爱情的见证。他斩恶龙于峡谷，救布隆希尔特于牢笼（她曾是齐格弗里德父母的保护者），热吻该女使其苏醒。布隆希尔特双目微开，爱意遂生，与他立下了海枯石烂永不分离的誓言。可惜，他们之间的爱情被阴谋所毁，最终由爱生恨。歌剧中至美至善的爱情，往往以悲剧结尾，不过正是由于其饱含悲怆之感，才显示出纤尘不染的爱情的伟大和崇高。

欲望——对权力的追逐，对女人或对男人的占有，成为《尼伯龙根的指环》中的致命因素。因自己丑陋的面容被莱茵河三女神鄙夷，侏儒阿尔布里希偷取了莱茵河的黄金，意欲报复。主神沃坦贪恋神殿和美女而向两位巨人许诺以金指环为补偿，既食鱼，又不忘熊掌，这又是个欲望的陷阱。阿尔布里希的儿子哈格为了夺回指环，使用卑鄙手段拆毁齐格弗里德和布隆希尔特的恋情。

失忆——对活着的人来说，世间莫大的痛苦来自身边亲人的失忆。饮了忘川酒，齐格弗里德无从感知失忆的痛苦，而清醒的布隆希尔特则深陷巨大的悲伤之中。现代医学将失忆分成许多类型，如局部性、选择性、全盘性和连续性失忆。齐格弗里德应该属于全盘性失忆吧。此时，齐格弗里德忘却了与布隆希尔特的海誓山盟，也忘却了指环的威力，更忘却了自己的使命，这是全部歌剧的高潮，也让观众痛哭流涕，不能自持。

魔咒——莱茵河的黄金是魔咒的诱因。除了沃坦，其他人皆参与了指环的争夺战，无论其初衷是正或是邪。魔咒将游戏的主角分为施咒人和被咒人两个群类。魔咒开启，即违背了世间既定的游戏规则。沃坦、阿尔布里希、希格蒙德和希格林德、布隆希尔特、哈格、格特、格特鲁尼皆是开启魔咒机关的人。悲剧的故事离不开魔咒，正是魔咒催生了一系列故事，把观众拉向情感的深渊，并使他们在魔咒之镜中反观现实中的自我。

1871年，俾斯麦成功建立德意志帝国。德国鼎革之际，万民同庆，于是德国文学、德国音乐、德国艺术，包括千万德国人，皆有了"家"的感觉。《尼伯龙根的指环》作为瓦格纳的作品，除了成就他个人，也满足了德国人的精神享受。就像可口可乐的丝网版画，既是安迪·沃霍尔的个人标志，也成为美国文化崛起的象征。一个国家的建立和一部作品的诞生，在同一时空下，互为衬托，相得益彰。瓦格纳创造了《尼伯龙根的指环》，而《尼伯龙根的指环》亦成就了德国歌剧的高峰。因此，瓦格纳成为伟大的艺术家，被架到神坛上供奉起来，成为德国精神的象征。拜罗伊特因此也成为德国文化的精神圣地。（德国的民族主义情绪此时已经高涨。）

《尼伯龙根的指环》在刚刚建成的拜罗伊特剧院举行首

演。该剧分为四部分，从1876年8月13日演出到17日方完毕。演出期间，名人济济一堂，盛况空前，被邀嘉宾包括德意志帝国皇帝威廉一世、巴伐利亚国王路德维希二世、巴西皇帝佩德罗二世、巴登·符腾堡的大公，还有诸多贵族，以及270名艺术家、诗人、作家。

处在人生巅峰的瓦格纳，俯瞰这些远道而来的仰慕者，心潮涌动：有谁还记得我的过去——我曾经是个被普鲁士军队和奥地利军队通缉的囚犯啊；我曾在狂风呼啸、巨浪滔天的英吉利海峡，命悬一线；在巴黎，我饿着肚子，到处兜售自己的歌剧，只为一袋糊口的面包……那些死缠烂打的债主们剥削我，却使我树立了一个坚定的信念——我要成为德意志歌剧的复兴者，我会像歌德、巴赫、贝多芬，永远载入德意志文明的史册！

*Die Meistersinger von Nürnberg*

## 《纽伦堡的名歌手》

纽伦堡是一座历史名城，以精湛的手工艺制品闻名欧洲。二战中，纽伦堡遭盟军轰炸，毁坏程度堪比德累斯顿。战后，世纪大审判在此举行，给纽伦堡蒙上一抹沧桑的色调。

在文艺复兴时期，纽伦堡是北方文艺重镇，其之于德国，相当于佛罗伦萨之于意大利。纽伦堡之士农工商，无论富贵贫贱，皆热爱文艺，加之其行会中盛行"歌咏"比赛，这又为纽伦堡披上了诗意的外衣。瓦格纳在其自传《我的生平》中写道："1830年，纽伦堡世风正派纯洁，继承了1500年德国的古貌。它不乏浪漫的气息，蒂克、瓦肯洛德的文学作品，丢勒的版画，以及霍夫曼的小说，一起构筑了纽伦堡的灵魂。"

谈及《纽伦堡的名歌手》，则先要了解其中一角儿汉斯·萨克斯。这是位鞋匠诗人，在16世纪的纽伦堡可是位名人，是当时最有名的歌手。其父是个裁缝，他没有子承父业，而从事制鞋，闲暇时，进行诗词、剧本创作。今天的德国人把汉斯·萨克斯视为诗人艺术家，而在当时，他不过是手艺人而已。时过境迁，后人更认可其艺术上的造诣。汉斯·萨克斯的同乡丢勒在当时就是一名版画手艺人，只不过丢勒的版画在几百年的流传中，愈加珍贵，他因而从手艺人变成了大师。手艺人一心专注于手上的活儿，难免性格沉闷，就像读书人不识时务，会成腐儒一般。而纽伦堡的手艺人，既要默默干活，又要在人前放声歌唱，也真难为他们。这样一种城市氛围，确实有一派欣欣向荣的市井气象。愉悦的气氛为瓦格纳的这部歌剧定下幽默诙谐的基调。

《特里斯坦和伊索尔德》是瓦格纳研究叔本华哲学后的一部作品。在其中，瓦格纳表现了叔本华的思想，即放弃"欲望"，获得永生。《纽伦堡的名歌手》是紧接其后的作品，瓦格纳在这部歌剧中，阐释了叔本华的另一观点，即人在艺术中可获得灵魂的解放。

《纽伦堡的名歌手》是瓦格纳唯一的喜剧。瓦格纳在给友人的信中写道："古雅典人，观悲剧后必以滑稽剧娱乐。"《纽伦堡的名歌手》里交织的是"虚妄"和"诙谐"。"虚妄！虚妄！一切皆是虚妄！"（Wahn！Wahn！Überall Wahn！）这是该剧第三幕的一句台词。为什么瓦格纳在此要设计这样的台词？意志的放弃，恰是老子的"无为"。艺术成为拯救人类的手段，成为人免于欲望苦恼的避风港。在瓦格纳的大部分歌剧中，爱情无一不充满了苦辣，像背负荆棘的肉身，生活在四面楚歌的环境里，随时都会枯竭；而《纽伦堡的名歌手》里的爱情，充满欢歌笑语，飘扬着鸟语花香。

除了汉斯·萨克斯，这部歌剧里的另外两个主角是瓦尔特和贝克迈瑟尔。贝克迈瑟尔似学富五车的迂夫子，演唱时，字字不离原稿，僵化迂腐；而瓦尔特则气宇轩昂，朝气蓬勃，常常有即兴创作，神采飘逸。满腹经纶和学富五车曾是褒义词，但在瓦格纳的笔下，它们不过是装腔作势、腐化堕落的表现而已，早已失去生命的活力。瓦格纳在这部歌剧里，借贝克迈瑟尔这个角色，讽刺了维也纳音乐评论家汉斯里克（关于汉斯里克，见书中词条）。

　　汉斯·萨克斯差点沦为历史烟云，多亏瓦格纳这部歌剧，他才得以名留史册。汉斯·萨克斯要感谢瓦格纳；而瓦格纳要向约翰·路德维希·戴恩哈德施泰因（Johann Ludwig Deinhardstein）和阿尔伯特·洛罗青（Albert Lortzing）致谢。前者是奥地利作家，于1827年在维也纳出版了戏剧诗《汉斯·萨克斯》；后者是德国作曲家，在1840年将小说《汉斯·萨克斯》改编成舞台剧。歌德也曾于1828年为汉斯·萨克斯作诗一首。

　　原本，舞台剧《汉斯·萨克斯》中有皇帝马克西米利安一世（Maximilian I）给汉斯·萨克斯加赐桂冠的仪式。瓦格纳在《纽伦堡的名歌手》中，将原来剧中的皇帝马克西米利安的角色换成汉斯·萨克斯，让他把爱情交给一对新人瓦尔特和爱娃。汉斯·萨克斯取代了皇帝，超越所有尘世的欲求，他可以笑看风云变幻，用叔本华的话来说，他已经克服生命的意志，趋向"无为"了。纽伦堡成了"世外桃源"，套用现今话语，乃是纽伦堡"去政治化"了。尼采对该剧赞誉有加，他认为这部作品释放出了孩童般的天真。1868年6月21日，《纽伦堡的名歌手》在慕尼黑首演，路德维希二世亲临现场，汉斯·比洛指挥，弗朗兹·施特劳斯（理查德·施特劳斯的父亲）演奏圆号，盛况空前，名流云集，热闹非凡。此时，瓦格纳灿若明星，举世敬仰。

德国学者狄特·波希迈耶尔（Dieter Borchmeyer）在其书《理查德·瓦格纳：作品-生平-时代》（Richard Wagner, Werk-Leben-Zeit）中写道："瓦格纳受席勒《教育书简》的启发，把纽伦堡变成一个'审美国度'。这个国家尚处'过渡'之际，从等级制度迈向民主政治阶段。在《纽伦堡的名歌手》里，瓦格纳借汉斯·萨克斯之口，提出大众精神（Volksgeist）。"

尽管路德维希二世崇拜瓦格纳，并时常接济他，但瓦格纳在《纽伦堡的名歌手》的创作中还是舍弃了国君这个角色。如果把瓦格纳的《纽伦堡的名歌手》与其他几个版本做个比较，就不难发现，瓦格纳的纽伦堡是一个去政治化的城市：这里不仅缺少皇帝，连神圣罗马帝国也化为雾霭，展现在舞台上的纽伦堡是由市民集体组成，而且是被美化后的市民阶层，这里没有资本主义式的"肮脏的交易"，完全按照市民的意愿，自行管理，自我完善。

难道纽伦堡不像个乌托邦吗？

Dresden
## 德累斯顿

德累斯顿，一座优雅美丽的城市，亭台楼阁与雕塑林立，商贾巨富，夜夜笙歌。

瓦格纳结束巴黎的苦难生活，思乡心切。在德累斯顿的日子，在瓦格纳传奇的一生中占据重要一笔。两部歌剧《黎恩济》《飞翔的荷兰人》喜获好评。在德累斯顿，他将在巴黎忍辱负重的记忆，化为革命的斗志，《特里斯坦和伊索尔德》和《纽伦堡的名歌手》《尼伯龙根的指环》的构想得以形成，继而开创了传奇的瓦格纳时代。暇时，他饱读哲学、社会学、文学、美学，也包括创作理论和政治学著作，拓宽视野，最终形成瓦格纳的歌剧世界观。除了创作上日益精进，他也收获了婚姻。在剧院工作期间，他结识了歌剧演员米娜，干柴遇烈火，他们草草结婚了。不过，后来证明，这段婚姻对他们彼此都是痛苦的折磨。

在德累斯顿，瓦格纳结识了俄国的无政府主义者巴枯宁，在工作间隙，二人常于易北河边散步，成为革命同志，心怀救国之理想。巴枯宁年长于瓦格纳，见多识广。瓦格纳还有一位建筑师朋友戈特弗里德·森佩尔（Gottfried

Semper），他们讨论过剧场改建的方案，可惜这些方案最终沦为一纸空谈，唯一成真的倒是其设计的路障方案，后用于阻挡普鲁士军队。不过，简单用沙袋和木头搭建而成的路障，无法抵挡荷枪实弹的普鲁士步兵。没有枪杆子就没有话语权，草台班子只能小打小闹，革命最终失败。厄科尔和巴枯宁被捕，而幸运的瓦格纳在普鲁士军队的眼皮下成功逃离德累斯顿，隐居瑞士。

德累斯顿 1849 年革命，焚烧罗马酒店

# E

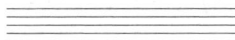

Eduard Hanslick

## 爱德华·汉斯里克

2013年11月20日，《中华读书报》刊登一文《"乐神"或"魔鬼"？》，文中提到爱德华·汉斯里克，文字如下：

《特里斯坦和伊索尔德》在维也纳首次登台落幕时，观众纷纷拥向最具影响的评论家爱德华·汉斯里克，一齐问他最不喜欢剧中什么，汉斯里克斩钉截铁地回答："音乐！"汉斯里克批评瓦格纳的音乐节奏反复无常。

汉斯里克1825年生于布拉格，其父意欲让他成为牧师，后见他迷恋音乐，遂培养他学习哲学和美学。在布拉格高等学校学习期间，汉斯里克修音乐学。后娶布拉格大商贾萨洛蒙·基希（Salomon Kisch）之女为妻。在其自传《我的生平》（*Meinem Leben*）中，他说，父亲给他们兄妹五人教授常识和钢琴演奏。

自1846年后，他定期为《维也纳音乐报》（*Wiener Musikzeitung*）撰文。1849年，从学校肄业后，师从温策·约翰·托马斯克（Wenzel Johann Tomaschek）学习作曲。1854年，其一篇论文《论音乐的美》(*Musikalisch-Schönen*)刊布，遂名声大噪。1861年，汉斯里克在维也纳任美学和音乐学教授，从事莫扎特、贝多芬、勃拉姆斯的研究，对李斯特和瓦格纳的作品，他极度反感，不断发文痛贬瓦格纳的作品。在汉斯里克的世界里，所谓"好"(schön)的音乐，乃是"自律"的音乐，而不是"借题发挥"式的"情感宣泄"。

德国学者汉斯·迈耶(Hans Mayer)在其书《瓦格纳》(*Wagner*)中，写尼采在《善恶的彼岸》(*Jenseits von Gut und Böse*)中，褒赞瓦格纳的歌剧《纽伦堡的名歌手》。尼采云：此部音乐剧生动活泼，极悦我心，它含古接今，当世无双。

就在《纽伦堡的名歌手》这部歌剧中，瓦格纳将汉斯里克写进作品，用贝克迈瑟尔这个角色，凸显汉斯里克的迂腐顽固。

汉斯里克《论音乐的美》刊布之时，瓦格纳已完成《唐豪瑟》《罗恩格林》《飞翔的荷兰人》等作品，历经巴黎流浪，革命失败，正隐居瑞士。现在看来，汉斯里克的思想趋于保守，没有看到浪漫主义之后的文艺思潮。浪漫主义借强烈情感、主观感受、理想与幻觉，呼唤音乐家广纳众家之长，从文学、哲学、绘画中汲取灵感，欲在音乐中再现莎士比亚、歌德和贝多芬。当瓦格纳在悬崖峭壁间、在波涛海啸间挣扎时，汉斯里克还沉浸在"清风明月、蝉鸣鸟叫"的田园诗中，孤芳自赏。

Edward Bulwer-Lytton

## 爱德华·布维尔 – 李顿

苦难是孩子的第一所学校。

布维尔 – 李顿 4 岁丧父，母子只好相依为命，艰苦的生活磨砺了年幼的布维尔，生活中没有父亲的照顾，他就自视小主人。入学前，母亲带他来到伦敦。布维尔敏感而内秀，与寄宿学校的同学格格不入。学习生活枯燥乏味，所授知识陈腐僵化。在课上，布维尔心荡神驰，下课后，他独自在河畔散步，观察四季冷暖：干枯的芦苇，密布的浮萍，浅浅的水草，机灵的野鸭，聒噪的青蛙，敏感的云雀，灰色的云层下，时间缓缓流逝。他将所思所想，一一记录。一次偶然的机缘，布维尔在巴林镇（Baling）结识了瓦林顿（Wallington）先生，受其熏陶，爱上了写诗。14 岁时，他出版了第一本诗集。

1822 年，布维尔在牛津大学圣三一学院读书。三年后，他的散文赢得"校长金奖"（Chancellor's Gold Medal）。大学毕业后，他相继发表了许多诗歌和文章。文学上，布维尔顺风顺水，潇潇洒洒。自信的他不顾母亲的反对，于 1827 年和罗斯娜·维勒（Rosina Wheeler）结婚，她是一位来自爱尔兰的姑娘，美丽端庄，性格刚毅。俗话说，没有老人的支持，婚姻难以幸福。失去了母亲的庇护，布维尔只能自力更生。1831年，他开始涉足政坛。在康沃尔（Cornwall）和林肯（Lincoln）担任地方议员。当时，他为改革法案振臂高呼，广得民意。正当事业蒸蒸日上时，婚姻显露危机。1833年，他与妻子分居，三年后，分居获得法律认可。妻子罗斯娜为此写了《荣耀的男人》，在书中她揶揄前夫，满是尖酸刻薄。矛盾持续发酵，影响甚广，布维尔不得不使用一些手腕，将罗斯娜整到了精神病院。对于此事，民众集体抗议，几周后，罗斯娜重获自由。罗斯娜后在回忆录《毁掉的一生》里记载了该事。历史上作家虐妻的事颇为常见，《印度三部曲》的作者奈保尔，写得一手漂亮的英文，可是打起妻子来，下手又狠又辣。

婚姻的失败非但未能影响布维尔的心境，反而激励他在写作上勇往直前。在1833年左右，他先后出版了《莱茵的朝圣者》《庞贝最后的日子》《黎恩济》。俄国画家卡尔·布留洛夫（Karl Bryullov）受其著作影响，创作了油画《庞贝最后的日子》。《黎恩济》根据14世纪罗马的一位政客生平而写，此书的德文版出版于1835年。瓦格纳读过德文译本，了解了这位罗马的大人物黎恩济，一个平民出身、具有民主思想的官员。《黎恩济》在1842年被瓦格纳搬上舞台，戏剧的影响力超过了小说。

1843年，布维尔的母亲辞世。布维尔伤心欲绝地来到母亲房间，在一件金属物件上刻下自己的心愿：后嗣有敬，愿岁月如旧。其母亲的房间至今保持原貌。1844年，布维尔遵循母亲的遗愿，将自己的姓改回布维尔－李顿。

晚年的李顿饱受眼疾之苦，遂放弃写作。其耳朵也动过手术，术后，身体多处感染，使他时常陷入昏迷。最终，在过完70岁生日后不久，他便驾鹤仙去。他的葬礼在威斯敏斯特教堂举行，这对英国人来说是莫大的荣誉。不过这可能有违他生前的意愿——李顿虽是贵族的姓氏，但布维尔厌恶钟鸣鼎食的生活，曾经拒绝王室授予其贵族头衔。

李顿和妻子育有两个孩子：女儿艾梅里和儿子罗伯特。后来儿子任东印度公司的总督（1876—1880）。李顿的作品被翻译成塞尔维亚语、德语、俄语、西班牙语、挪威语、法语、芬兰语等多种语言。布维尔－李顿有句名言："笔比剑更加锋利。"

E. T. A. Hoffmann

# 恩斯特·霍夫曼

如果在网络上给霍夫曼做个检索，他的名字后面会有一堆看似毫无联系的称谓，如作家、剧作家、法官、音乐评论家、作曲家、指挥家、漫画师。在分工明确的现代社会，一个人通吃以上职业，这几乎是天方夜谭。霍夫曼在德国文化史上耀眼灿烂，歌德大他20岁，但他们共同见证了拿破仑的革命。在硝烟和战火中，现代思想文明的第一道曙光照亮了欧洲，也点燃了他们的激情。

他出生在现今的加里宁格勒（旧称哥尼斯堡），古代这里属普鲁士管辖。稚童时期，他认识了好朋友特奥多·黑贝尔。在黑贝尔的帮助下，霍夫曼学业蒸蒸日上。他们之间大量的翰墨往来见证了一辈子的友谊。即使在二人关系一度中断的时候，当霍夫曼的生活难以为继时，黑贝尔也及时给他寄来生活所需物资，以解燃眉之急。16岁时，霍夫曼求学于哥尼斯堡大学，为沿袭家学传统，攻读法学。那时康德在此教授哲学，不过，霍夫曼无心于康德的学说，他愈发觉得，抽象的概念不如栩栩如生的故事精彩。霍夫曼开始尝试写作和音乐创作。

在哥尼斯堡大学期间，一次偶然的机会，他认识了一个比他大9岁的女人多拉，她已有丈夫，抚养着五个孩子，婚姻生活过得苦涩乏味，缺乏温情浪漫。他们经常在花前月下秘密约会。对此事，黑贝尔写信劝他勿要与这位女人来往。可是，霍夫曼把他的话扔到一边去，照旧与她缠绵。世上哪有不透风的墙？多拉的丈夫得知他们的暧昧关系后，决定要与霍夫曼决斗。文质彬彬的霍夫曼居然接受决斗之邀，事后霍夫曼受伤。历史上，以爱的名义，因任性而付出代价的人何止霍夫曼，普希金、大仲马、海涅等不都爱用这种简单又暴力的方法解决纠纷吗？

霍夫曼与其他怀有古典主义情怀的作家们不同，没有乘马车向罗马行进。他主要在班贝格、柏林和华沙度过一生中的大部分时光。普鲁士与路易·波拿巴的战争迫使他不断转换工作，一会儿做律师，一会儿在朋友的帮助下，在剧院当个指挥，有时还为报纸画些讽刺漫画。与其说战争让霍夫曼过着颠沛流离的生活，倒不如说战争为他创造了不断尝试新职业的机会。

霍夫曼一生共创作了五十多部中短篇小说和三部长篇小说，写了两部歌剧，一部弥撒曲和一部交响乐。《卡洛式的幻想故事》效仿17世纪法国铜版画家卡洛的风格，其作品以讽刺、怪诞闻名。《卡洛式的幻想故事》将人的世界和动物世界交织在一起，探讨艺术家与社会的矛盾，对轻视艺术和艺术家的旧社会进行了猛烈的抨击。在《魔鬼的万灵药水》

《跳蚤师傅》和《夜间故事》等童话作品中，霍夫曼将魔幻和鬼怪同人们的日常生活奇妙而有机地融合在一起，创造了德国艺术童话的高峰。

霍夫曼的作品影响过海涅，而且瓦格纳的《唐豪瑟》和《纽伦堡的名歌手》最初的灵感也来源于霍夫曼的小说。《德意志文学简史》中认为霍夫曼的作品之所以能够对19世纪欧洲大陆和美国的文学家和音乐家产生持久的影响，是源于霍夫曼小说作品中体现的强烈的感官性、超自然与神秘色彩、娱乐性等因素杂糅在一起，这一点或许背离整个德国文学的品质和传统，但是霍夫曼确实是德国作家中最能讨读者欢心的一位。

**Essen**

**吃**

举凡对吃讲究的人，谈及德国的肴馔，想必都会蹙眉。德国有好吃的东西吗？什么是瓦格纳的最爱？

特亚·多恩（Thea Dorn）曾著《德意志之魂》（*Die Deutsch Seele*）一书。在书中，她对传统德国人的简便晚餐（Abendbrot）有这样的描述：

黑麦、黑麦混合或全麦面包，切成8毫米厚的薄片。抹上黄油，再配上提尔希特奶酪、黑森林火腿及香肠片。要是有根酸黄瓜就更棒了，切好后把它们一片片叠摆成扇面形。抹了薄薄黄油的面包片，一片上面放奶酪，一片上面放火腿片，另一片上面放香肠。理想状态下奶酪、火腿及香肠片的形状与大小要与黑麦、黑麦混合或全麦面包的形状与大小匹配。只有这样才能产生和谐，和谐是真正的简便晚餐的特点。

对于习惯大快朵颐的东方人来说，这样的饭食实在难以下咽。翻阅科西玛所写长达14年的日记，她几乎没有谈及

"吃"这个既重要又普通的话题。从现有资料可推断，瓦格纳成名前，漂泊无定，常常过着"淡黄齑，也似堂食"的生活。想必，他兜里既无钱，也无闲心去倒腾吃喝。自从科西玛搬来后，瓦格纳的生活正常了，一日三餐，按部就班。早晨咖啡面包，中午意大利面，晚上粗麦面包配酸黄瓜。或许科西玛觉得，德国的饭食过于平淡和简单，实在没有必要在日记里浪费笔墨，因而未见瓦格纳心仪何种"佳肴"。大概，瓦格纳习惯吃得简单吧。

在日记中，科西玛常用"Abendbrot"（简餐）一词。如家中来了几位客人，科西玛则用"Kleiner Dinner"（类似简单正餐）。可猜想：科西玛会多准备一两道菜，再配上波尔多葡萄酒。偶尔，她也用"丰盛"一词。1877年5月，瓦格纳应英国王室邀请，在伦敦上演他的几部歌剧。英国的早餐素以"丰裕"闻名于世，常包含：烤番茄、炒蛋、香肠、培根、茄汁黄豆、蘑菇、炸薯块，再配以吐司和红茶，那简直妙不可言。难怪科西玛在英国期间，褒赞其早餐。5月5日瓦格纳和她在享受美味早餐后，口有余香地来到国家肖像馆，细品约书亚·雷诺兹（Joshua Reynolds）和威廉·贺加斯（William Hogarth）的作品，还有作家乔治·艾略特作陪，想必他们之间能碰撞出智慧的火花。

《浮士德》是瓦格纳和科西玛的珍藏。其中有一段皇帝与膳部总管的对话，现照录如下：

皇帝　　我过于一本正经，没想到欢宴的事情，

　　　　可是也好！愉快的活动能使人起劲。

　　　　我选你做膳部总管！从今以往

　　　　由你去管理狩猎、菜园和家禽饲养；

　　　　一年四季，每月有什么时鲜货上市，

　　　　挑选我爱吃的东西，为我细心地调制。

膳部总管　我要把严守斋戒当作愉快的义务，

　　　　直到我献上珍馐，使陛下满足口腹。

　　　　我要叫厨房人员和我团结一致，

　　　　采集远方的珍味，提早食品的上市，

　　　　不过你对于饮食，并不求远求早，

　　　　简单而富有营养，就符合你的需要。[1]

　　　不知道科西玛读了上述文字后，会因为"不擅炊事"而自责吗？大概，科西玛也不懂中国古人所云"三日入厨下，洗手作羹汤。未谙姑食性，先遣小姑尝"是何意思吧？

1　歌德.浮士德［M］.钱春绮，译.上海：上海文艺出版社，2010.

# F

Franz Liszt

**弗朗茨·李斯特**

在19世纪，能目睹李斯特的演出，是件幸运的事。

古人云：英雄要早得风云。李斯特凭借精湛的演奏技巧，年仅16岁就在巴黎做上了音乐老师。其实，那也是不得已而为之。父亲早逝，未成年的李斯特只能挑起家庭的担子。生活在20世纪之前的人，令人羡慕，其原因之一便是可以心无旁骛，无须"德智体"全面发展，专注于一项事业，发奋图强，即可早日成才；二是恋爱和婚姻早，对名人来说，情史和艳遇是其日后传记的重要内容，读者对这些细节也会津津乐道，忘乎所以。22岁时，李斯特认识了法国一位贵族的女儿。之后，李斯特与她先后前往瑞士、意大利。李斯特26岁时，迎来了第二个女儿科西玛。

说起瓦格纳与李斯特的初次见面，那是在1841年的巴黎。当时，两人地位悬殊，李斯特是报端的红人，是名副其实的音乐界大腕，光彩夺目。而瓦格纳连一顿像样的法国大餐都吃不起，穷得叮当响。有一次，李斯特在巴黎一家宾馆举办音乐发布会，瓦格纳也赶过来，攀谈之中，李斯特给了瓦格纳一张免费入场券。之后，瓦格纳在德累斯顿的报纸上

科西玛与父亲李斯特，1867年

讲了这件事，并给予李斯特极高的评价，说他的演奏气定神闲，完美无缺。

真正将瓦格纳和李斯特联系在一起的是瓦格纳的歌剧《唐豪瑟》。1849年，李斯特在魏玛做宫廷指挥，正值魏玛大公的夫人玛丽的生日，李斯特演奏《唐豪瑟》为其庆祝。对于李斯特的这次演出，瓦格纳在给李斯特的信里这样感谢："您为《唐豪瑟》的排练，劳精费神，倾注心血，实令人感激。我对您非常了解，正如您对我也是相当熟知。我离群索居，像个隐士。您待我如弟兄，视我为知音。前段时间，某地方刊物上有文侮辱我，我正奋力反击，同时，我也要为口粮而工作……"李斯特年长瓦格纳3岁，为瓦格纳可谓两肋插刀。

李斯特的女儿科西玛16岁那年，瓦格纳前来拜访李斯特。短暂的见面后，科西玛和瓦格纳彼此留下了美好的印象，一个似朝霞，一个似猎鹰。这刹那间的接触，竟然化为永恒的念想。科西玛在1866年，带着自己的两个孩子投奔瓦格纳而去，当时瓦格纳的第一任妻子米娜尚未去世。李斯特知道此事后如遭五雷轰顶，遂与二人断绝关系。中国人说，兔子不吃窝边草。瓦格纳倒好，竟打起好友女儿的主意来，这似乎有悖伦理。但在瓦格纳看来，伦理那是常人的思维。清袁枚云：高人不谙世故也。

几年后，瓦格纳和科西玛隐居在瑞士的一个小镇，李斯特受邀前往。在他们的餐桌上，李斯特拿起瓦格纳刚刚谱写好的《纽伦堡的名歌手》，情不自禁地弹了起来。这部歌剧的序曲触动了李斯特的内心，李斯特知道，自己在经年累月的四处巡演中，疲于奔命，逐渐沦为听众的奴隶，已是江郎才尽。瓦格纳隐居此处，森林环抱，前临湖泊，他采天地之灵气，集日月之精华，纳于己身。这里没有激奋的掌声，也没有虚伪的社交圈。孤寂中，瓦格纳唯有细心摩挲，耐心打磨作品。李斯特觉得应该为他骄傲。于是，他们间的怨气得以化解。

无论李斯特还是瓦格纳，在个人生活上，并不存在"对"与"错"的两极。在李斯特死后60年，德国有个小女生，名叫安妮，她就是《安妮日记》的作者，她对李斯特有自己的看法。由于纳粹迫害，他们一家被迫隐居于阿姆斯特丹的一栋房子的阁楼上。她用阅读化解生活的压抑，用思考释放自由的灵魂。在1944年6月9日的一篇日记中，她这样记述：

《匈牙利狂想诗》这部书讲述了李斯特的故事，他集作曲家、演奏家和神童于一身。这是本不错的书，有趣极了，不过，我认为书中对女人描写过多了。在李斯特生活的那个年代，他不仅是世界瞩目的钢琴演奏家，而且也是个"花心大萝卜"。他和数位女人相恋，有玛丽·达古特夫人、卡罗琳夫人、舞蹈演员劳拉、钢琴演奏家苏菲小姐、奥尔嘉小姐、演员里拉小姐。这本书还介绍了舒曼、柏辽兹、勃拉姆斯、贝多芬、理查德·瓦格纳、汉斯·比洛、鲁宾斯坦、肖邦、雨果、罗西尼、帕格尼尼和门德尔松等人。

李斯特是个率性十足的小子，出手慷慨，人人皆爱，不过他爱慕虚荣，认为百年何足度，不如乘兴且长歌。他是个绅士，见不得别人落泪，也从不算计别人。他取钱有道也有度。他信奉信仰自由，潇洒天地间。

安妮在写完这篇日记后不久，即被盖世太保捉到集中营去了。16岁的她，还没有机会好好聆听李斯特的作品，便饿死在集中营里。

1882年，瓦格纳在威尼斯疗养，李斯特来此小住时日，一家人共度了一段美好时光，这段美好记忆在科西玛的日记中有所记载（见"威尼斯"词条）。在瓦格纳去世后的第三年，李斯特在拜罗伊特去世，女儿科西玛草草地安排了葬礼。这多少有些令人忧伤，或许科西玛自有理由。

Friedrich Nietzsche
**弗里德里希·尼采**

啊，人类！留神啊！
幽深的午夜在诉说什么？
我睡着了，我睡着了——
我从深沉的梦乡中惊醒了——
世界是深沉的，
而且比白天所想的更深沉。
它的痛苦是深沉的——
快乐——比心痛更深沉：
痛苦说，消瘦吧！
而所有快乐却都想要永恒——
——想要深而又深的永恒！

——弗里德里希·尼采《查拉图斯特拉如是说》[1]

---

1 尼采.查拉图斯特拉如是说［M］.孙周兴，译.北京：商务印书馆，2014.

尼采，1864年

## （一）

尼采和瓦格纳皆追慕叔本华的思想。世人视叔本华的思想为"悲观"哲学之代表。在叔本华眼里，世界非仙境瑶台，而是痛苦困厄的渊薮，个体陷入其中，欲罢不能，这是人生悲剧。唯有摒弃欲望，方能得到救赎。尼采和瓦格纳对此感同身受。尼采21岁时，血气方刚，读了《作为意志和表象的世界》后，似佛陀参悟喜怒哀乐的无常；瓦格纳40岁时，接触该书，在历次险境中躲过生命里的礁石。他们对该书自有一番高见。

1868年，经友人介绍，24岁的尼采去瑞士小镇特里布辛拜访瓦格纳。初来乍到，尼采愣愣地站着，亲见大师，茫然不知所措。一番交谈后，已过天命之年的瓦格纳开始正眼打量尼采；科西玛则慷慨地端出刚出炉的姜饼，以飨来宾。

其时，巴塞尔大学教授一职对于尼采就是个生计。来到瓦格纳的别墅后，见群山环抱，苍翠欲滴，时而与瓦格纳泛舟湖上，畅谈艺术，大有"天下英雄唯使君与操耳"之感。在交往过程中，瓦格纳和科西玛视尼采为帮手。为了笼络尼采，二人当着尼采的面赞扬其写作和作曲的才能，背后却讥笑尼采迂腐。瓦格纳盘算：尼采通晓古典语言学，擅写作；而路德维希二世乃当今之国君，富甲天下。尼采为我撰文，路德维希为我筹钱，正所谓，君子用人如器，各取所长。

（二）

与瓦格纳相识三年后，尼采写出《悲剧的诞生》。前言道："我确信艺术是人类的最高使命和人类天生形而上的活动，我要在这里把这部著作奉献给人类，奉献给走在同一条路上的人类的先驱者。"这本书不仅仅是献给瓦格纳，同时也是回敬叔本华。叔本华与尼采皆在年轻时就写下各自的成名作。

瓦格纳的戏剧多以北欧（古日耳曼）神话为题材。尼采的《悲剧的诞生》则是以古希腊时代的悲剧文化为主题。尼采认为，悲剧代表希腊艺术和文化的完美状态，就像酒神狄奥尼索斯与日神阿波罗的结合；自欧里庇德斯和苏格拉底后，希腊的悲剧文化开始谢幕，取而代之的则是科学乐观主义。挽救艺术颓败乃是当时之重任，瓦格纳是先行者。

交往渐深，尼采察觉瓦格纳并非良师益友，待自己缺乏平等；所以瓦格纳一家搬到拜罗伊特后，尼采就与之少有往来，彼此日渐疏远。有一次，趁拜访之机，尼采带来一份勃拉姆斯的乐谱，并将其搁在瓦格纳的钢琴上，这引起瓦格纳的愤怒——在瓦格纳眼里，勃拉姆斯是北德的乡巴佬。这是尼采故意激怒瓦格纳，还是真心希望瓦格纳好好读读勃拉姆斯的作品，从中领略一种纯正的音乐品味呢？两者中，我更信后者。

德意志帝国的诞生是一个百十年的形成过程，它的高潮在1871年前的一段时间里，德国北部的普鲁士帝国与南部的巴伐利亚王国合并，形成新的帝国——德意志帝国。这对于政治家来说有无比重要的意义。它开创了一个新的纪元，而作为哲学家，尼采对此似乎并不关心。

1876年8月，尼采来拜罗伊特参加瓦格纳《尼伯龙根的指环》首演。歌剧院挤满了达官显贵、文苑名流，一派"玉辇纵横过主第，金鞭络绎向侯家"的气象。尼采觉得这个音乐节弥漫着德国文化的沙文主义。尼采生活的那个时代，欧洲经历了启蒙运动，拿破仑的革命也促进了民主思想的传播，英国的现代科学亦证实基督教只是人类的发明，而不存在"上帝造人"的真理。尼采常宣讲"没有真理"，或者"永恒的轮回"。作为敏锐的文化批判者，他是无神论者，也是怀疑论者。在当时，他注定是个特立独行的思想者。他无法认可瓦格纳与新权贵们同流合污，而成为具有帝国主义思想的德国人。尼采过惯了闲云野鹤的生活，结交富贵名流不符合他的本性。在拜罗伊特，尼采显然有点水土不服，倒是瑞士特里布辛的山林流泉给尼采一片幽静的惬意。1882年，尼采与女友莎乐美曾经朝拜过特里布辛。

尼采天性敏感倔强，一旦发觉被愚弄，他会运用一套组合拳向对方给予还击。他决定讨伐这位虚伪的大师。在瓦格纳去世前几年，尼采和瓦格纳彻底决裂。尼采撰文说瓦格纳的艺术根本没有触及"意志"的真相，而是用"放纵乐观"代替叔本华的"人生悲剧"，这是欺骗。1878年后，尼采身体欠佳。关于他的病症，瓦格纳揣测杜撰，如老妇人般嚼起舌根来。约阿希姆·柯勒（Joachim Köhler）所书《尼采与科西玛》（*Friedrich Nietzsche und Cosima Wagner*）中记载，瓦格纳曾向尼采的医生奥托·艾舍（Otto Eiser）讲述：尼采的病因在于没有结婚，且他长期手淫。尼采到底有没有手淫，这是个难解的谜。瓦格纳去世后，尼采从朋友那里得知此事，称之为"致命的侮辱"。关于这个"致命的侮辱"，尼采在给朋友迈森布克的信中写道："瓦格纳以致命的方式侮辱了我。我要告诉您，瓦格纳正小心翼翼地回到基督教和教会，我把这感受视为对我个人的谩骂。我觉得，我整个青春及其方向都似乎受到玷污，有了瑕疵。"

（三）

瓦格纳下世后，针对尼采的批评，科西玛与拜罗伊特的精英们悉心布局，展开"护瓦运动"。尼采像个怨妇，与他们死缠烂打，一时间，拜罗伊特一片叫骂。在瓦格纳去世五年后，尼采还撰写了《瓦格纳事件》，书中写道："瓦格纳的艺术毒入骨髓，病入膏肓，坏人无数。其剧中痉挛的激情、亢奋的情绪、刺激的佐料皆是腐败之物。男女主人公酷似病态角色，不用怀疑，瓦格纳是一个神经官能症患者。"

但尼采也会前言不搭后语。1881年，尼采闲住热那亚，西罗克（sirocco）海风唤起他的温情。彼时他醉心于比才的《卡门》，异常兴奋，觅来该剧的钢琴曲谱，在空白之处写上溢美之词。他认为比才实现了瓦格纳的倡议——音乐要具有地中海的气息。他在给卡尔·福克斯的信中写道："对我来说，瓦格纳要高于比才千倍。"在《瞧！这个人》中，他又提到，达·芬奇所擅长的奇特风格，在《卡门》中第一个声音响起后，便失去了魔力。尼采在彻底疯癫之前，潜心研究《特里斯坦和伊索尔德》，称其危悚刺激，魅力十足。用尼采的话说："除我之外，世间无第二人理解瓦格纳的非凡才华。"

Georg Herwegh

## 格奥尔格·赫尔韦格

格奥尔格·赫尔韦格是诗人，也是一位政治家。

像许多政治家一样，他经历过战争，曾经与马克思一道工作，思想上倾向于社会主义，不过，后来他与巴枯宁投奔无政府主义去了。

赫尔韦格的家境谈不上富庶，也无深厚的家学渊源，就是个普普通通的家庭。小时候，他在拉丁语学校读书，学校里的课程多为宗教、历史。后在图林根大学学习法学，业余时间搞点诗歌创作。他曾为《德国电讯报》当过编辑，也做过自由写手，后来辗转瑞士等地。30岁之前，他默默无闻，未曾想过名垂青史这等事。

拿破仑的革命带来前所未有的自由和浪漫。革命风潮挑动了赫尔韦格的神经，他写诗以"自由"命名。1841年后，他来到巴黎，拜访了海涅。同为德国人，身在异乡，思想上皆推崇革命，加上皆厌恶陈旧的德国政治，他们相见恨晚，竟日畅谈。从海涅那儿受到鼓舞，赫尔韦格回到苏黎世，与朱里斯·弗勒贝尔（Julius Fröbel）合作，为一家名为《苏黎世综合报》的报纸撰稿，发表自由之声音。在苏黎世期间，他和马克思亦为《莱茵报》撰文，兼任编辑。在报端，他唾弃旧制度，呼吁建立新型民主的社会。当时，苏黎世真乃一处法外之地，自由分子咸集于此，呼朋引类，情绪高涨。费尔巴哈也与赫尔韦格结成朋友，相互砥砺。赫尔韦格声名渐起，曾被当时普鲁士国王腓特烈·威廉四世接见，但因为其过激的言论，赫尔韦格又被普鲁士驱逐。

德累斯顿革命期间，赫尔韦格认识了瓦格纳，两人结成患难好友。对瓦格纳来说，他的历史使命是创作德国式的歌剧，而不是成为一个无产阶级的战士，也不是成为一个无政府主义者。革命失败后，他们逃到苏黎世。后来，瓦格纳与那些革命朋友渐行渐远，形同陌路，赫尔韦格也淡出了他的记忆。

对赫尔韦格来说，瓦格纳如他一生中认识的许多朋友一样，是过客，亦是烟云。统一前的德国给赫尔韦格这样的斗士提供了施展才华的空间，他的一生几乎都在与命运抗争。他去世后，他的自传《赫尔韦格，一个英雄的生活》在德国出版。

Gesamtkunstwerk
## 综合艺术作品

Gesamtkunstwerk（综合艺术作品）是个德语词，它集合了 Gesamt（综合）和 Kunstwerk（艺术作品）两个德语词，1+1 的构词法类似汉语。最初创造这个词的人是哲学家卡尔·弗里德里希·特昂多弗（Karl Friedrich Trahndorff）。他在一篇发表于 1821 年的文章中，率先设计了这个新词。此后，瓦格纳在 1849 年《艺术与革命》中引用了该词。他认为，一部歌剧作品汇聚了众多艺术门类，如音乐、诗歌、戏剧、舞蹈、绘画、光影、建筑等。后来该词逐渐被英语国家接受，并成为美术史和文艺美学中的一个重要术语。

18 世纪末，一股歌剧变革风潮正处酝酿之中。创作者关注的焦点在于歌剧应该体现视听效果的震撼性，以及观众的心理感受，而不应该只是关注其道德层面的是与非。德国作曲家卡尔·玛丽亚·冯·韦伯（Carl Maria von Weber）顺应了这股风潮，并由瓦格纳发展升华。德语中有一词"Rampenlicht"，意思为"脚灯灯光"，这是一种舞台灯光，安置在舞台边缘，用以渲染演员的光影效果，这并非瓦格纳首创，但瓦格纳在其歌剧中大量使用。尼克·瓦格纳在其书

《瓦格纳剧院》中写道，在《唐豪瑟》中，对唐豪瑟的内心感受的展现，因为脚灯灯光的运用，强化了光与影的变化，从而使观众印象更为深刻。1851年后，瓦格纳在《歌剧与戏剧》中，进一步论证了综合艺术的特点：歌剧中每一个单独门类的艺术都要为主旨服务。在《尼伯龙根的指环》中，瓦格纳将这一特点发挥到了极致。

音乐家需要综合素养和综合才能，建筑师亦然，比如两位享誉世界的英国建筑师，一位是18世纪的罗伯特·亚当（Robert Adam），另一位是19世纪的奥古斯都·皮金（Augustus Pugin），都是全能型的设计师，设计范围不仅仅包括建筑物的外观，还包括室内家具陈设、餐具、地毯、栏杆、窗帘等一系列与建筑相关的物件。到了20世纪，格罗皮乌斯继承亚当和皮金的观点，创立包豪斯设计学校，认为设计师和建筑师应该首先是位手工艺人，因为只有对不同种类的艺术有所涉猎，才能真正懂得设计的要旨。

如今，"综合艺术"一词，随着计算机等相关设备的发明，得到了更多意想不到的运用，从而产生新的视听感受。综合艺术如此繁荣，这或许要感谢瓦格纳。

Giacomo Meyerbeer

## 贾科莫·梅耶贝尔

梅耶贝尔虽生于德国，却扬名于法国。他是19世纪法式大歌剧的代表人物。他把舞台搞得轻柔烂漫，风神摇曳，正适合那些纸醉金迷的法国中产阶级的口味。

梅耶贝尔自幼学琴，后师从克雷门蒂学习作曲。瓦格纳在法国浪荡期间，梅耶贝尔是其追慕的目标。瓦格纳想借《黎恩济》《唐豪瑟》体现梅耶贝尔作品中所具有的精神气质与外在特色。梅耶贝尔曾多次帮助瓦格纳，当时瓦格纳也毫不迟疑地接受了。瓦格纳在1840年11月完成《黎恩济》的最终总谱。剧本写作之初，瓦格纳模拟大歌剧风格，兼具意大利风格，极歌舞音乐之能事，打算"以奢华的排场技压群雄"。1842年10月20日，在梅耶贝尔的帮助下，该剧在德累斯顿宫廷剧院首演，历时六小时之久，旋即蜚声海内外。

梅耶贝尔一生写了17部歌剧。早期歌剧有《耶弗他的誓言》《阿利梅莱克》《罗米尔达和柯斯坦扎》《名人塞米拉米德》《十字军在埃及》，这些歌剧上演后，皆获好评。梅耶贝尔听从卡尔·韦伯的劝告，于1826年来到巴黎发展。渐渐地，他才明白新生的资产阶级喜欢何种风格的歌剧。《非洲女郎》

是他的名篇。他的大歌剧通常取材于历史上的重要事件和宗教冲突。

在梅耶贝尔的作品中，既有意大利式的优美旋律，也有德国式的丰满和声，还有法国式的机智和多变的节奏。他的歌剧把这些特色有机地组合为一个整体，形成了独特的风格，影响深远；但其在内容上往往拘泥于写实和激烈的外在效果。这种类似晚期洛可可式的虚饰浮夸、矫揉造作的风格，在盛行二三十年之后终于销声匿迹。萧伯纳在《瓦格纳寓言》里评价梅耶贝尔："他尽管有创意，有深度，但他的才华有限，终其一生，也只不过汲汲于创造奇特的乐句，开发一些怪异且具感染力的韵律，以设计引人联想。他的作品真是深得洛可可的真传，一样的毫无生气而俗丽呆板，才得以凸显于世。梅耶贝尔既创作不出彻底的音乐剧，也写不出曼妙的歌剧。但尽管这样，梅耶贝尔在戏剧方面确实充满活力，甚至是激情。有时这会让与他同时代的人将他的言行理解为一种放肆的行为，因为，他同时代的人在思想上仍接受不了新奇的戏剧音乐……"

1787年，莫扎特的《唐·乔万尼》在布拉格国家歌剧院演出，这部作品让热爱音乐的欧洲人感受到了现代音乐的魅力。四年后，梅耶贝尔出生。1824年，梅耶贝尔与法国剧作家奥古斯丁·尤金·斯克里布（Augustin Eugene Scribe）在巴黎创设大歌剧（Großen Oper）。在《费加罗》及《唐·乔万尼》终曲之后，现代音乐剧已崭露头角。梅耶贝尔从贝多芬的音乐中，学会用旋律表达文字所无法表达的诗情。19世纪里涌现出的一批兼具文学、戏剧才能的音乐家中，梅耶贝尔最引人注目，甚至歌德也认为梅耶贝尔可以为《浮士德》谱曲。

尽管在19世纪上半叶，梅耶贝尔的名声如日中天，但瓦格纳知道梅耶贝尔的音乐之路是死胡同，必须加以改进。瓦格纳不仅在作曲方面超越梅耶贝尔，在剧本创作上也高一筹，用萧伯纳的话来说："瓦格纳无须为了得到谱曲的歌剧剧本而寻求三流雇佣文人的帮助。"

Gottfried Semper

## 戈特弗里德·森佩尔

戈特弗里德·森佩尔是瓦格纳的好友，二人曾在德累斯顿一起参加革命。照理说，一个闹革命的斗士，其性格应是刚烈威猛的，然而森佩尔骨子里却是个温雅男人。这种性格也体现在他设计的建筑上，其设计的风格折衷，既不独立创新，也不墨守陈规。

森佩尔生于汉堡的一个富庶家庭，年长瓦格纳10岁。他有八个兄弟姊妹。20岁时，他在哥廷根大学学习数学和历史，后转慕尼黑大学攻读建筑。1826年，他前往巴黎，在建筑师弗郎茨·克里斯蒂安·高（Franz Christian Gau）的工作室里学习。1830年，七月革命爆发，他只好中断巴黎的学业。随后，他南下意大利，一路从热那亚到佛罗伦萨再到罗马，最后抵达那不勒斯。古罗马的历史遗存，久经岁月的沧桑，残垣断壁无不记载着昔日的繁华与荣耀。森佩尔内心饱受震撼，还参加了一个为期四个月的考古小组，足迹遍及雅典和庞贝。20岁到30岁期间，他学会了博观而约取，厚积而薄发。

31岁的森佩尔在德累斯顿谋得大学教授一职，教建筑学专业。此期间他最有名的设计作品就是犹太教堂（Semper Synagogue），可惜毁殁于1938年11月9日（希特勒策划针对犹太人的"打砸抢之夜"）。教堂经火数日燃烧，一片狼藉，破败不堪，废墟中唯一残存物品为犹太教标志——大卫之星，如今该物已是文物。教堂的外观及室内装饰的设计均由森佩尔一人完成，尽显了摩尔人的建筑特色。在莱比锡和纽伦堡，他的学生们都善用此手法，这间接催生了后来摩尔风格的复兴运动。

关于森佩尔于何时何地认识瓦格纳，史料似乎未有记载。他们可能相遇在易北河边的某个别致的咖啡馆里，也可能相识在某个志同道合的革命同志家中。在德累斯顿革命前夕，森佩尔运用其专业知识，设计阻挡普鲁士军队的路障。瓦格纳寄居于慕尼黑时，曾经请求路德维希二世聘用森佩尔，设计慕尼黑歌剧院，最终这一工程因耗资巨大而不得不半途而废。今日看来，实在可惜，否则路德维希二世又会在巴伐利亚留下一处世界级物质文化遗产。

革命失败后，森佩尔与瓦格纳一样，仓皇退遁，辗转伦敦、苏黎世等城市。他曾为苏黎世大学设计过主楼。1855年后，他担任苏黎世大学教授，其少数学生后成为建筑界的明星。森佩尔教学期间也不忘著书立说，他的《建筑四要素》《科学、工业与艺术》和《工艺美术与建筑的风格》皆是当时建筑专业学习的必备津梁。

在森佩尔生命的最后两年里，他感到身心俱疲，力有不逮。他决定再次前往罗马，看看梵蒂冈和斗兽场。可惜未能从愿，他下世于旅行途中，其墓冢设在罗马新教公墓园内。

在森佩尔去世5天后，也就是1879年5月21日，科西玛记录了瓦格纳夫妇对于森佩尔的追思：

瓦格纳告诉我森佩尔的死讯。肃穆的情绪凝结在我们的心上。默哀！忆及他的模样，一个古典气质的人，可是他被现实的价值观给扭曲了。瓦格纳回忆起在《唐豪瑟》的庆祝会上，森佩尔、贝尔克应邀来访，可是梅耶贝尔未能出席。森佩尔常与瓦格纳争吵得面红耳赤。他还总是说：不是唯我一人持有这种观点，贝尔克也这样认为。森佩尔音容已去，他的呼噜声，实在令人开怀大笑。

# H

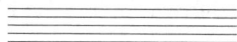

Hans von Bülow

## 汉斯·冯·比洛

比洛有一双神经质的眼睛，眼神里流露的是忧伤。他的妻子科西玛离弃他后，投奔了他的老师瓦格纳。令人费解的是，在婚姻破裂后，他还为瓦格纳的歌剧《特里斯坦和伊索尔德》和《纽伦堡的名歌手》担当过音乐指挥。后人可以认为比洛不像个爷们，非但不教训这个给自己戴绿帽的小人，反而还为他的作品担任指挥。但或许比洛自视是个不折不扣的艺术家——不能因为个人情感上的喜怒哀乐而对伟大的音乐作品视而不见，歌颂至真至美的音乐作品是一个诚实的艺术家的本性。这也有助于自己面对痛苦和情感挫折，提升对"善和宽容"的认知。

科西玛，钢琴家李斯特的私生女，深受其父影响，酷爱音乐。在她16岁时，瓦格纳拜谒李斯特，她和瓦格纳初次见面。不过当时，科西玛还没有嫁给比洛，瓦格纳也有妻室，他们之间不可能有令人想入非非的洛丽塔式的恋爱故事。科西玛20岁时嫁给了比她大7岁的比洛。李斯特将女儿许配给比洛，其原因之一就是欣赏比洛的才华。婚后，科西玛逐渐对比洛的里里外外知根知底。比洛5岁时罹患脑膜炎，

汉斯·冯·比洛（1830—1894）

从此落下病根，时常靠吸食吗啡来缓解阵痛。比洛身体虚弱，加之还是瘾君子，这令科西玛对他心生厌倦。而且比洛经常在外演出，疏忽了家庭生活。科西玛认为比洛是只会再现音乐（指挥别人的音乐）的工匠，而不是创造音乐的天才。

比洛出生在梅克伦堡，家境宽裕。父亲是位小有名气的作家。十多岁时他多次前往莱比锡学习钢琴，师从克拉拉·舒曼。1842年瓦格纳在德累斯顿开演《黎恩济》期间，比洛造访了瓦格纳。两年后，他又结识了李斯特，并拜其为师。1850年，年轻的比洛来到苏黎世，跟随瓦格纳学习。在此之后的十年间，比洛和瓦格纳之间相互尊重，亦师亦友。

1864年，由于路德维希二世对瓦格纳慷慨解囊和仗义疏财，穷困潦倒的瓦格纳结束了四处漂泊的生活，入住慕尼黑王宫，从此锦衣玉食，告别了昔日的蹭蹬。瓦格纳向路德维希二世建议，请比洛来担任宫廷乐长（Hofkapellmeister）。此时的比洛对于科西玛和瓦格纳之间的暧昧关系，知道一鳞半爪，但是，比洛知道事业才是男人的立身之本，多提防瓦格纳就是了。不知愧疚的瓦格纳是否将更多的知识传授给了比洛，以弥补自己破坏他人婚姻之过错，两年间，比洛悉心揣摩，成绩斐然。

1866年，科西玛带着两个女儿，毅然决然离开比洛，前往特里布辛与瓦格纳一起居住。科西玛是虔诚的天主教徒，背叛婚姻，她的内心一定承受了巨大的痛苦。在1869年6月30日的日记中，科西玛写道：

比洛不再来信了。昨夜，一宿未眠，我掩面而泣，绝望无比。关于生活的恐惧与日俱增，每每想到孩子，更是感到不安。自从比洛对我说起彼此要不离不弃后，我愈发深感罪责。可是，我的这些情绪，瓦格纳和孩子们竟然毫无察觉。

看得出来，科西玛对于自己的任性，深感不安，她独自承担了巨大的精神压力。

比洛失去妻子，索性就忘我工作，离开慕尼黑后，他又担任汉诺威宫廷乐长。1880—1885年他在迈宁根担任宫廷乐长，还与勃拉姆斯交往甚密。真正为比洛赢得世界声誉的是他担任柏林交响乐团的指挥一职。1887—1893年间，由比洛指挥的柏林交响乐团达到了全新的高度。后设立汉斯·比洛奖章，以奖励在音乐上有突出贡献的音乐家。后辈中获得此殊荣的有卡拉扬、祖宾·梅塔、阿劳、巴伦博伊姆、马里斯·扬颂斯、乔治·索尔蒂等。

在迈宁根工作期间，比洛认识了年轻的女演员玛丽。1882年他们正式缔结连理，婚后，玛丽辛勤操持家务。比洛去世后，玛丽居柏林，常提携青年才俊，曾花费数年整理比洛身前的信件。

2012年，迈宁根市设立汉斯·比洛钢琴演奏比赛，以纪念比洛在音乐上的贡献。

Hans von Wolzogen

## 汉斯·冯·沃尔措根

汉斯·冯·沃尔措根擅长写作，笔力稳健，曾做过瓦格纳的秘书。他是个臭名昭著的反犹分子。

沃尔措根两岁丧母，外公为当时普鲁士著名的建筑师、舞台设计家卡尔·辛克尔。沃尔措根上学期间，苦读古诗、音乐和戏剧，后决定一辈子从事文艺写作事业。1872年，24岁的沃尔措根来到拜罗伊特拜访瓦格纳，向其毛遂自荐。从此，他成为瓦格纳的得力干将。

沃尔措根成为科西玛核心小组内的成员，在1878—1938年间，他负责《拜罗伊特报》的编辑工作，大量刊登关于瓦格纳歌剧的研究文章。他和科西玛一道就瓦格纳艺术观中的反犹情绪大做文章，大动手脚，目的是获得国内民族主义者们的拥护和支持。1928年后，沃尔措根成为民族主义运动的成员，这是个十足的反犹组织。在国家社会党执政期间，沃尔措根撰文《音乐中的时代》为纳粹唱赞歌，称希特勒是德国民族精神的化身，是继瓦格纳之后的另一位英雄。他撰写的《德国基督徒》一书于1938年在苏联出版。他与福楼拜也曾经有过短暂的交往。

作家写作，须有真经历、真感情、真信仰，这是作品的灵魂，正如曹雪芹所云："按迹寻踪，不敢稍加穿凿，致失其真。"不知道汉斯·冯·沃尔措根是否意识到，自己的文字中充满了欺骗和杜撰、荒诞和偏激。沃尔措根晚年有不少怪诞言行，时常昼伏夜出，语无伦次。

　　沃尔措根无疑是极右的代表。当今，欧洲无论政界还是文艺界，对于右翼势力，皆非常之小心，唯恐他们一旦得势，祸害国家和人民。但时至今日，汉斯·冯·沃尔措根已经是个极冷僻的名字了，不信，读者可以问问德国人。

Heinrich Heine

## 海因里希·海涅

　　他的双眼，忧郁多愁，褐黄色的头发下是一张俊俏的面庞。他没有巴枯宁的美髯，生就一副拉斐尔的书卷气。

　　海涅，国人对他并不陌生。中学语文教材曾经收入他的一首诗歌《西里西亚纺织工人》，冯至翻译。三重诅咒的排比句：一重诅咒给那个上帝；一重诅咒给阔人们的国王；一重诅咒给虚假的祖国。海涅带着愤怒和哭诉，誓将腐朽罪恶的剥削阶级推翻。马克思喜欢这首诗歌，称其传递出鲜明的阶级立场：打倒地主老财，打倒阶级敌人。不过，除此之外，大多数人对海涅还是一知半解。

　　19世纪中叶的欧洲，多数年轻人寄希望于革命。少年海涅在莱茵河边的杜塞尔多夫长大。当拿破仑带着他的骑兵，从法国一路杀向德国时，也带来了法国式的革命理想。海涅的犹太人出身在当时饱受歧视，可在拿破仑统治期间，"人人生而平等"，这使海涅在情感上倾向法国的革命理想。

　　定居巴黎前，他已完成四卷《游记》和《歌集》，诗人和文学家的身份已经确立。说到《哈尔茨山游记》的写作，其缘由倒是非常戏剧性的。1821年，海涅在哥廷根大学读法律。不久，他和一个同学在城郊决斗，校方知道了此事，旋即将他开除。无书可读，海涅决定从哥廷根步行至哈尔茨山。哈尔茨山是德国中古时期传说的发源地，到此地走走看看，对年轻人来说，是一次难得的"寻根"之旅。他将所见所闻著书出版，反响甚远。

他的诗集在普鲁士统治期间受到严格审查，最终被限制发表。在这样的背景下，1830年，海涅定居巴黎。同年，法国大画家德拉克洛瓦的杰作《自由引导人民》问世。在巴黎生活，海涅获得了另一种视角，审视自己的故乡。

1839年后，穷困潦倒的瓦格纳带着妻子米娜来到巴黎闯荡。作为老乡，海涅知道瓦格纳的处境，他年长瓦格纳16岁，像个大哥哥一样对待瓦格纳，经常隔三岔五地找瓦格纳聚会，有时也接济瓦格纳。海涅诗人的气质加上革命者的热情，激发了瓦格纳的创作欲望。海涅的诗集《德国，一个冬天的神话》，瓦格纳犹为喜爱。

在一首诗里，海涅写道：

我曾经有一个祖国
她是那样的美丽
橡树挺拔苗壮，紫罗兰温柔妩媚。
她已梦一般逝去。
她曾给我德国式的亲吻，
用德语对我说："我爱你！"

（那声音是难以想象地甜蜜。）

她已梦一般逝去。

对那些远离故土，因各种原因而不得不寓居他国的人来说，这首诗歌质朴无华，真切地唤出了心里的苦涩。

诗人天性敏感，而感性地对待婚姻，结果可能是痛楚。海涅在巴黎的第三年，认识了一个18岁的卖鞋女孩，名叫玛蒂尔德，原名奥古斯丁·米阿特。她有一双深褐色的大眼睛，饱满的面庞，健硕的身体，乳房丰腴，鼓起了胸口的衣衫，像装在麻袋里的成熟的果实，活脱脱一个粗犷、泼辣的农村姑娘。海涅看了，心中喜欢，竟到了"一日不见，如三秋兮"的地步。没有父母监管的恋爱，绝对"自由"。一年后，他们同居了。但是，海涅在巴黎的朋友们，包括马克思和恩格斯，都极力劝阻，称两者文化上殊不般配，一个是大诗人，一个是目不识丁的女孩，文化上的鸿沟阻隔了他们的交流，更别期望共鸣。然而海涅完全从诗人感性的角度想问题，他认为玛蒂尔德虽然属于另一个社会阶层，但是可以感化。一开始，海涅还帮助玛蒂尔德学习知识，教她认读。后来，他发现玛蒂尔德不是学习的料，便放弃了这一想法。玛蒂尔德花起钱来，大手大脚，这让海涅非常生气。

海涅在金钱问题上也毫不含糊。他与其外甥在遗产问题上曾经对簿公堂，最终，他的外甥也只能认输，如数赔偿。

在巴黎期间，他每年的收入多达3.4万法郎，折算为当今的货币即20万欧元。有种说法，说海涅之所以这样在金钱上锱铢必究，完全是为老婆考虑。

在去世前，海涅对一事始终三缄其口——他从没有向玛蒂尔德谈及自己的犹太人出身。不到60岁，海涅带着他的诗歌种子、革命理想和小秘密去了另一个世界。而玛蒂尔德也没有让他担心，她忙着出版海涅的文稿和诗集，过着衣食无忧的生活。

Hund
**狗**

很难想象，当一个人生计都成问题的时候，还会有闲情雅致去养狗。在乡间，狗看家护院；在城里，狗几乎都是宠物，见人只会摇头摆尾，嗅嗅路人的脚丫罢了。

在瓦格纳和家人的照片中，特别是晚年的旧照中，好几次出现几只体型硕大的狗，还有几只短腿小狗。我想，瓦格纳年轻时，可能没有闲钱和闲心养狗。自瓦格纳一家搬到拜罗伊特后，他方结束"游牧"生活。此时养狗，适逢其时：瓦格纳已经是世人敬仰的大师，衣轻裘，乘肥马，养狗可颐养性情。

瓦格纳夫妇和他们的儿子齐格弗里德都宠爱狗，而且特别喜爱大狗。瓦格纳去世后，科西玛时常牵着狗，走在拜罗伊特的大街上。她穿一袭黑裙，手戴黑色蕾丝手套，举着一把太阳伞，身后一只小狗也会一摇三摆。路人向她投去充满敬意的目光时，连那只小狗也会被高看一眼。

在工作之余，晚年的科西玛每天也花一些时间在狗的身上，为狗梳梳毛发或者和狗做游戏。狗帮助她排遣寂寞，就像林黛玉无聊时，喜欢逗那只鹦鹉说话，"侬今葬花人笑痴，他年葬侬知是谁?"

1894年，恰逢歌剧节，科西玛整日忙碌，他们家的一只纽芬兰长毛警犬却在这个时候生病了。按理说，科西玛应该找来镇上的兽医，给狗看病，可是，科西玛更相信他们的家庭医生海因里希·朗德格拉夫博士。博士闻讯后，赶忙过来，给狗做全面检查，他认为狗急需手术。科西玛旋即联系镇上的医院。医院为狗腾出手术室，在给普通病人做手术的床铺上，朗德格拉夫博士为这只纽芬兰大狗做了手术。事后，当地的报纸《拜罗伊特晚报》将此事刊登出来，含蓄地批评了科西玛滥用自己的影响力，干预医院的正常安排，民众对此一片嘘声。关于这件事，科西玛并未意识到自己有什么不妥的地方。

从这个小小的事件，我们就可以领教晚年的科西玛有多么高傲和自大。

科西玛与纽芬兰长毛犬

Houston Stewart Chamberlain

## 休斯敦·斯图尔特·张伯伦

1855年，张伯伦出生于英国汉普郡。未及一岁，丧母。祖母遂携他去法国。因其体弱多病，每遇冬季，祖母便与他南下西班牙、意大利度假，饱览地中海风光，这也使他形成"无根"的性格，像信天翁一样，喜欢漂泊天涯，家对他而言，显得多余了。

张伯伦11岁时，其父把他安排在英国切尔滕纳姆学院（Cheltenham College）学习，这所学校以培养海军闻名。张伯伦似与英国的文化不相融，极度孤单。在回忆录中，他写道："这里，我仅对天文学感兴趣，天上星，亮晶晶，靠近我，理解我，同情我。"13岁后，他中断学业，遂离英国，南下意大利热那亚游学，涉猎广泛，天文地理、植物动物、医学解剖等。据张伯伦研究之广泛，想必他一定信奉自然科学的相关定律，事实却是相违，对达尔文的理论，他深恶痛绝。在其晚年的自述中，他写道，这个时代，最荒谬处莫过于轻信"科学的结果"，致使我们过多依赖"科学"。现在看来，他的观点未必没有道理。

英文直白，法文优雅。张伯伦耽于法语及法兰西文化。

23岁时，他接触到瓦格纳的音乐，受其神秘魔幻和与命运抗争等因素影响，他开始觉得，英国与法国的文化已在退化，德国文化才是这个世纪的火山，蓄积着原力。他心目中原来的偶像都被瓦格纳一一击碎。此时，瓦格纳已经去世五年了。

19世纪末，拜罗伊特的名声如日中天。1882年是张伯伦人生中的关键节点——他首次来拜罗伊特，观摩《帕西法尔》的首演。之后，他兴致不减，1888年，他再次造访拜罗伊特，观《纽伦堡的名歌手》后，心绪难平。不知道张伯伦是出于感动还是出于算计，他给科西玛写信，信中饱含智慧和情感。他高度赞扬瓦格纳，称其歌剧的艺术性和个人英雄主义气概是德意志民族精神的具体呈现。科西玛读信后，看出了这位年轻人拥有不俗的阅历，他文笔通达，情感丰沛，有缜密的逻辑思辨力和敏锐的政治嗅觉。

与科西玛雁去鱼来，他们渐渐彼此了解，互相信任。张伯伦在信中称呼科西玛为"亲爱的好朋友"。他还将自己以往书写康德、黑格尔和叔本华的作品寄给科西玛鉴赏。科西玛知道，拜罗伊特剧院急需一位懂理论研究的干将，来重新整理和挖掘瓦格纳的艺术遗产，为新时期著书立说。科西玛精于盘算：这个小伙子如能为拜罗伊特剧院效力，那是拜罗伊特剧院的福分。

1899年，张伯伦出版《19世纪的基础》一书，它是建立在种族理论和反犹思想基础上的，书中论据胡编乱造，主观臆想，违背常识。但不管怎样，这本书获得了广泛认同。1906年，张伯伦和前妻安娜离婚，两年后科西玛的女儿爱娃嫁给了张伯伦。明眼人一看就知道他们不是一见钟情，而是一场策略上的联姻。婚前，科西玛考量了张伯伦，他的贵族出身、丰富的学养、勤奋的工作态度及对瓦格纳作品的热情，这一切使张伯伦有资格和条件成为瓦格纳家族的一员。科西玛之所以懂得"婚姻的交易"，是因为她自己的第一任丈夫比洛，就是其父李斯特安排的结果。如今，她如法炮制而已。

张伯伦手中的笔可谓"妙笔生花"，他将瓦格纳的作品随意涂抹，臆断切割，诡异设计，瓦格纳歌剧中的主题被蒙上帝国主义和反犹主义的外衣。张伯伦虽然饱读史书，可他未能"以史为鉴"，不过是个投机分子、自恋狂、说谎者。

# I

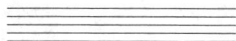

特里斯坦与伊索尔德

Isolde
## 伊索尔德

伊索尔德，她有怎样的花容月貌，无从查询。人间的故事无非"爱、恨、情、仇"，活人每日必受这四字考验。伊索尔德的故事也可以用这四个字来概括。

伊索尔德是爱尔兰国的公主，在河边，救助了躺在木板上的特里斯坦，在得知特里斯坦是杀死自己未婚夫的凶手后，依然真心伺候特里斯坦，两个年轻人旋即坠入爱河。这样的结果是众人皆盼。可惜事与愿违，特里斯坦替其叔父马克国王参加伊索尔德父亲设立的比赛，获胜者将迎娶其女。在不知情的情况下，特里斯坦赢得比赛，为马克国王得到伊索尔德。到这儿，观众就坐不住了，甜蜜的爱情之树，刚刚吐出新叶，花苞未展，就强遭摧残。

人心虽是肉生，软的时候可以温柔似水；但坚硬时则如岩石。人往往会和命运较真。一轮清月下，桂花疏蕊纵横，幽幽吐着芬芳，他们背着马克，常在康桥幽会，似乎无人知晓。最终，当他们在康桥再次缠绵时，马克出现在他们面前。此时的观众，倒是放下一颗久悬的心——反正都这样了，马克，你看着办吧。

反抗是无力的，牺牲也是悲剧的内在属性。就这样，伊索尔德和特里斯坦在痛苦和绝望中离开人世。基督教的背景让马克最终宽恕了这对恋人，这也显示了马克人性中宽容的一面。不知道19世纪的观众在欣赏瓦格纳的这部歌剧时是怎样的反应？流泪抑或黯然神伤？

其实，特里斯坦可以与马克国王交交心，告诉他，伊索尔德是早已和自己相爱的恋人。相信疼爱特里斯坦的叔父会把伊索尔德让与他，毕竟，"江山情重美人轻"啊。但就是缺乏沟通，最终酿成悲剧——或许某个心理学家，可以因此设计一堂生动的案例课。不过，事事都能如愿，哪里还有历史烟云、兴衰际遇、悲欢离合？

早在1859年瓦格纳最终完成《特里斯坦和伊索尔德》前，就有几位德国剧作家、诗人研究过这个悲剧故事，如文艺复兴时期的汉斯·萨克斯（Hans Sachs），和瓦格纳同时代的卡尔·伊默曼（Karl Immermann），还有路德维希·蒂克（Ludwig Tieck），其研究成果皆有影响，但仅局限于文艺圈。应该说，唯有瓦格纳的《特里斯坦和伊索尔德》才把这出中世纪的爱情悲剧普及全世界。

德语"Liebestod"，直译为"爱死"。这部歌剧中即有名篇《爱之死序曲》。这个词在中文中几乎没有对应的用法。创作《特里斯坦和伊索尔德》剧本期间，瓦格纳熟读叔本华的《作为意志和表象的世界》。叔本华认为人生悲剧之源，在于"欲望"，这将瓦格纳的歌剧创作带到哲学的高度。"天长地久有时尽，此恨绵绵无绝期"，一对恋人唯有接受"死"，方能获得爱的升华和永生。

爱是个旷久恒远的主题。

伊索尔德身上的美丽与善良、果敢和激情，正是在基督教的文化背景下才得以孕育，这一点不知道瓦格纳是否认可？

# J

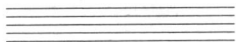

Johanna Rosine Wagner

## 约翰娜·罗希娜·瓦格纳

瓦格纳的母亲约翰娜是当时萨克森·魏玛公国王子的私生女。自她降生后，生父从未见过她一天，但她一直受到父亲的供养。1798年，她与做警察工作的瓦格纳结婚。他们一共生育了九个孩子。在小瓦格纳七个月大时，其父死于伤寒，后约翰娜转嫁给小瓦格纳父亲的好友路德维希·盖尔。

关于瓦格纳母亲的资料，实在少得可怜，不过凭借仅存的石版画，至少可知瓦格纳母亲是位有着花容月貌的美人。

瓦格纳的母亲约翰娜·罗希娜·瓦格纳

# K

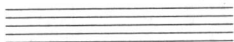

瓦格纳与路德维希二世，1876 年登于《跳蚤》杂志

Karikatur
**漫画**

1876年，一份名为《跳蚤》（*Der Floh*）的杂志上刊登了瓦格纳和路德维希二世的漫画，路德维希二世将自己的王冠戴在瓦格纳头上，瓦格纳则将自己的贝雷帽戴在路德维希的头上。世人都说瓦格纳坑了路德维希二世，而路德维希二世则心甘情愿为他的艺术宏愿埋单。对路德维希二世来说，成为艺术家要比囚禁在王宫里做木偶有趣多了，大有"隋炀不幸为天子，安石可怜作相公"之意。

在漫画家的笔下，瓦格纳不是唯利是图，就是奸诈小人的样子。讽刺画可能诞生于西方国家。达·芬奇画过一些尺寸很小的肖像画，面目狰狞，五官夸张，这些作品可以称得上是早期的讽刺画。

瓦格纳和讽刺画纠缠了三十几年。晚年的瓦格纳，虽是欧洲音乐巨匠，但时常有人撰文或画漫画评论他，说他离经叛道，也说他"兔子尽吃窝边草"，不知礼义廉耻。

漫画总会带有诙谐和辛辣的成分，其目的在于让读者以最快的速度读懂漫画背后的影射，从这一点来说，它的表达比文字更简明扼要、通俗易懂；漫画的另一个目的，也可以称为后果，就是能形成一种开放、活泼、民主的社会风气，使生活其间的公民负有社会责任心，也就是"社会良心"。

　　一张小小的漫画，常常能让读者会意一乐，但有时也会给人带来麻烦。好在瓦格纳在面对那些拿他开涮的漫画时，依然胸襟豁达，气定神闲，并未炮轰《跳蚤》杂志，不能不说瓦格纳还是很有度量的。

Karl Freigedank
**假名**

关于 Karl Freigedank，世上并无此人，此乃瓦格纳捏造的一个假名，特用此名发表文章《音乐中的犹太性》（*Das Judenthum in der Musik*）。他为什么不用真名字而用这个假名呢？

也许可以找到几点缘由：一、文章内容的真实性有疑问，恐发表后，有损声誉；二、内容的真实性没有问题，但是鉴于时局，唯恐署真名发表后，害己也殃及家人。

德国作家特亚·多恩在《德意志之魂》中评述该书，文字如下：

在其声名狼藉的小册子《音乐中的犹太性》中，他试图论证自己的观点，既犹太作曲家没有能力创作真正的音乐作品，因为生活在海外的犹太人无论在精神上还是语言上都未能扎根于任何他们所客居之国家的民族中。倘若他们让自己同化，那么在此过程中所产生的艺术，顶多是些被同化的乖巧艺术。相反，要是他们试图从自己的本源中汲取创作灵感，那他们同样会失败，因为希伯来语已经僵死，无法有效地继续发展……

对于犹太人的偏见，其历史渊源可上溯至罗马帝国时期；后经过中世纪的发展，犹太人干起基督教鄙视的商业活动；到文艺复兴时期，犹太人的商会又遭到基督教的限制；等等。这种偏见一直延续到20世纪，最终酿成针对犹太人的大屠杀。

这篇文章发表于《新音乐杂志》。时逢李斯特在魏玛首演瓦格纳的歌剧《罗恩格林》。这篇文章一经刊发，德国文化界一片哗然，激烈的讨论铺天盖地，关于瓦格纳的讽刺漫画也屡见报端。不过，瓦格纳对这些批评和讽刺，亦不在乎。李斯特也借《罗恩格林》上演之际，在报纸和杂志上夸赞瓦格纳是个天才，在对待犹太人的立场上，他与瓦格纳是一致的。

这个假名字证实了瓦格纳像常人一样，身上有些狡猾和阴暗的东西。其实，许多作家都用过笔名或假名，如鲁迅和司汤达、伏尔泰和高尔基和乔治·桑[1]，这些名字本身就是虚构的笔名。文章署什么名字并不重要，关键是文章的内容。这篇文章的确是很有问题。1849年，革命失败后，瓦格纳隐

---

1 伏尔泰原名：弗朗西斯·马利·阿鲁埃（Francois Marie Arouet），高尔基原名：阿列克塞·马克西莫维奇·彼什科夫（Alexei Maximowitsch Peschkow），司汤达原名：马里·亨利·贝尔（Marie Henri Beyle），乔治·桑原名：阿曼蒂娜·奥罗尔·露西·杜邦（Amantine Auroe Lucile Dupin）。

瓦格纳的漫画，登于《日食》杂志

居瑞士。他无心政治，但又庆幸，因为战友厄科尔和赫尔韦格都锒铛入狱，而自己还可以驻足日内瓦湖畔，欣赏婀娜的湖光山色。按照常理，他应该珍惜这份上天对他的眷顾，少安毋躁。可是仅过两年，他就将多年酝酿的思考（积蓄着怨恨和不满），确切地说是针对犹太人音乐能力的思考，写成这篇臭名昭著的文章。瓦格纳不喜欢犹太人，这是事实。对门德尔松、梅耶贝尔、奥芬巴赫几位犹太音乐家，他都不太"感冒"。两年后，在其论文《歌剧和戏剧》中，瓦格纳又对上述几位音乐家严加讨伐。

一篇署假名的文章，后来竟然成为一个家族甚至一个集团的"魔咒"，这愈加说明，人类文明史中包含许多悲剧和荒诞。瓦格纳用一辈子研究悲剧，而真正的悲剧却是希特勒利用瓦格纳的文章，为其屠杀犹太人编造理由。

惠特曼有诗云：

你果真学识渊博，可以把卑微者说成愚鲁无知吗？

你以为你有权利欣赏美景，而他或她便无权目睹吗？

你以为万物从纷散飘散之态凝聚起来，尘埃覆于地面，河水奔腾不息，植物茁壮成长，

这一切都仅是为了你，而不是为了他或她吗？

（《我歌唱带电的肉体》）

左图为犹可夫斯基为瓦格纳所绘的遗像，右图为希特勒1933年的照片

Kreis
## 圈子

中外文学艺术史中，常见某某流派抑或某某团体，其中皆有几名得力干将，或擅丹青，或擅操觚，能文能武，打下一片灿烂山河。像明代吴门四家以沈石田、文衡山为代表，意大利未来派则以马里奈蒂为首，美国前卫音乐和激浪派以约翰·凯奇和白南准为标杆。可见这些小圈子对于不安现状和反抗艺术规则的艺术家们而言是温暖的巢穴，更是战斗的堡垒。

瓦格纳来到拜罗伊特，就像植物扎下了根，向下长的同时也向周围扩展。科西玛网罗了几位能干人士，皆有所长，懂历史，知哲学，擅文学。小组成员有汉斯·沃尔措根、路德维希·谢曼、卡尔·格拉森纳普、海因里希·斯太因、亨利·托德、休斯敦·张伯伦。汉斯·沃尔措根是主要撰稿人，长期负责《拜罗伊特报》。这几位学识渊博之士，几乎都是历史上有名的反犹人士，他们借拜罗伊特这个阵地，口无遮拦，浮石沉木，散布是非颠倒的言论。

铁血宰相俾斯麦对以科西玛为首的这个小团体并不认可，也对他们口口声声的"德国精神"感到怀疑，原因在于团体成员多数不具备日耳曼人血统。科西玛是匈牙利人和法国人的后裔，张伯伦是盎格鲁 – 撒克逊人，好多指挥家、歌唱家竟是犹太人。科西玛自己却极力标榜这个团体，且在德国到处设立瓦格纳协会，发展瓦氏信徒。当然，这些协会设立之初衷，主要在筹备演出资金。

这个圈子后来效力于纳粹集团，这成为拜罗伊特一段难以启齿的历史。

# L

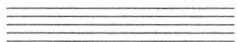

*Lohengrin*

## 《罗恩格林》

罗恩格林，一位圣杯骑士。

《罗恩格林》和《帕西法尔》皆有关骑士。在瓦格纳心中，骑士和吟游诗人乃是真正的英雄，他们潇洒一生，不羡荣华，只为情义二字，这与魏晋名流多少有些相似。科西玛在1878年8月4日有日记如下：

瓦格纳说：《堂吉诃德》实为真正的圣杯骑士，我与他如何区分？我们是否建一座修道院？我：难道我要成为一个女仆？

瓦格纳爱读《堂吉诃德》。木心在《文学回忆录》中说，这是一本以嘲笑开始、以祷告结束的伟大的人道主义的杰作。骑士的行径怪诞不经，悖于情理，可是你读着读着，会深深同情他。这就是塞万提斯的文学魅力。

谁能断定瓦格纳不会读着读着，而眼泪盈盈呢？

圣杯是基督教中的符号，其历史可追溯至基督教诞生的岁月。到中世纪，圣杯又出现在有关亚瑟王的文学作品中，故而，圣杯不仅关乎宗教，也与世俗王权有着千丝万缕的联系，这让圣杯在西方古典文化中变得越加复杂，围绕圣杯展开构思的文学艺术作品也就层出不穷。斯皮尔伯格执导的《夺宝奇兵》干脆以惊心动魄的画面迷惑观众，圣杯变成个噱头。20世纪的观众越发不理解圣杯的故事，圣杯因此也变成一个简单得不能再简单的欲望符号。

起初，骑士附属于领主和国王。到了公元1200年左右，教会接管了册封骑士的仪式，并且将很多宗教礼节和规范加入这个仪式，赋予骑士以神圣的职能。即将成为骑士的年轻人，须沐浴，穿素衣，披红袍，在祭坛前伫立或是跪拜10小时，直至天色破晓。然后一群骑士和女宾将见证盛大的弥撒活动。

罗恩格林集神和人的特征于一体。人性意味着罗恩格林有普通人的欲求，神性意味着罗恩格林又有超脱尘世的一面。两种属性都施加在罗恩格林一人身上，致其性格分裂。罗恩格林身上的双重性也预示着悲剧的必然性。

埃尔莎的欲望，是人类贪婪和俗气的象征。在品尝爱情的芬芳后，还想获得爱情的保险柜。其实，她的欲求只不过是寻求一个口头答复——罗恩格林的身世。因为婚前有约，埃尔莎不可询问骑士的出身。既食言，彼此就要天各一方。歌剧的高潮部分就在于埃尔莎食言后。瓦格纳如何看待罗恩格林的传说？这个故事真的打动瓦格纳的内心吗？瓦格纳到底要在这部歌剧中表达什么？

路德维希二世公开赞誉这部歌剧。他在幼时曾读过瓦格纳《未来的艺术作品》一书，尽管懵懵懂懂，他还是觉得瓦格纳是位大人物。路德维希二世未满16岁时，接触到《罗恩格林》，他耽于幻想，沉浸在骑士的牧歌中。圣杯骑士身上分裂的性格，恰恰暗合他敏感、犹豫、脆弱的天性。他还把负债累累的瓦格纳请到宫里陪他，可惜他不是钟子期，而瓦格纳也不是俞伯牙。

《罗恩格林》与《黎恩济》《唐豪瑟》一样，都设计成三幕，主人公在这三幕中的境遇可概括为"相遇""相爱""离散"。歌剧于1850年8月28日在魏玛的宫廷剧院首演，由李斯特指挥。此时，瓦格纳37岁，与妻子米娜生活在一起，彼此关系紧张，瓦格纳对婚姻感到失望。瓦格纳期待新缪斯的出现，但此时她还没有现身。在《罗恩格林》里，瓦格纳设计了一个坏女人奥尔图德，她是腓特烈之妻，内心阴暗，妒贤嫉能，玩弄权术。女性角色的出现，绝非偶然。1840年作家弗里德里希·黑贝儿（Friedrich Hebbel）写了《犹滴》，这是当时欧洲的先锋作品，刊印后，风靡一时。犹滴原是《圣经·旧约》中的人物。黑贝尔于1840年将这个故事改编成悲剧。《圣经·旧约》中讲述：荷罗浮尼率领的亚述军队包围了伯修利亚，身为女子的犹滴决心为家乡挺身而出。她身着盛装，与女仆前往亚述军营，谎称前来投靠。她用自己的美貌迷住了统帅荷罗浮尼，从此犹滴在军营中住下。然而，荷罗浮尼按捺不住自己的色欲，他于夜晚在自己的营帐

《罗恩格林》石版画，1872年

中举行酒会，企图引诱犹滴，不料犹滴早有准备，反而借此把荷罗浮尼灌得酩酊大醉，趁着帐下无人，犹滴拔出荷罗浮尼的长剑，割下他的头颅。她们安全回到小城，并把荷罗浮尼的头悬挂在城楼上。结果亚述军队人心大乱，伯修利亚士兵乘胜追击，小城安然得救了。这个故事不仅在西方文学领域中受到重视，而且在西方绘画历史中，也是颇有盛名，好几位大师如波提切利、卡拉瓦乔、乔尔乔内、克利姆特等都曾经以此为题材，这些画作展现了不同时代里的画家们对犹滴的看法和表达。19世纪的欧洲，女性主义已有觉醒，而德国女性主义的发展还滞后于英国。女性解放，伴之而来的就是艺术和文学中的女性角色的变化。瓦格纳在《罗恩格林》里体现和呼应了这一运动。

　　《罗恩格林》的故事在德国几乎家喻户晓，特别是在巴伐利亚地区，其形象更是广泛用于日常物件。《罗恩格林》序曲，堪称奇作，弦乐极度舒缓，铺陈出世间绝美的幻景，生命自千锤百炼后，感悟宁静与安详，大美大善。这段序曲也出现在卓别林所演的《大独裁者》影片中，罗恩格林变作希特勒，圣杯幻化为地球，善恶颠倒，是非混淆，观者不禁顿感唏嘘。

　　失去爱情的罗恩格林，寂寞离开，枯灯黄卷下独守圣杯。或许，瓦格纳也曾思考过，爱情啊，命里无时莫强求，那就回到歌剧世界中去寻找吧。

Ludwig Feuerbach

## 路德维希·费尔巴哈

我初次接触基督教是在中学时代，历史老师讲布鲁诺被宗教裁判所判定为死刑，钉在十字架上，被残酷地烧死。老师的解释只是照本宣科，无法让人有清晰深刻的理解。后来，电影《玫瑰之名》里有将异教徒钉在十字架上烧死的镜头，看后令人心惊胆寒。这才知道，宗教不仅仅慰藉痛苦中的人，也会用极刑惩罚那些"心猿意马"之徒，以确保宗教之地位，容不得半点怀疑。

科学精神最终诞生于新教国家。牛顿物理学的开启，预示传统基督教神学的式微。到了19世纪，凡是具备科学精神的欧洲人都会质疑宗教的权威性。德国人费尔巴哈就是这样一位哲学家。他好大胆子，写了本《基督教的本质》，惹怒教会。他指出，人是自然的一部分。理性、意志和情感，皆是人的本质，或是人的本性。人的本质不仅是宗教的基础，也是宗教的对象。人对上帝的意识，就是人对自己的意识，人对上帝的认识，就是人对自己的认识；上帝的本质，就是人的本质，神学就是人本学。上帝没有创造人，实乃人照其想象，创造了上帝。自宗教创立以来，这是有关宗教最有分量的评价。这本书如果早几百年出版，费尔巴哈一定会成为第二个布鲁诺，其书也会被付之一炬。

费尔巴哈家学有渊源，母亲善良纯朴，勤劳持家，其父是德国现代宪法的奠基人。费尔巴哈和四个兄弟及三个姐妹出生在巴伐利亚的兰茨胡特。兄弟姐妹继承了父母的优良基因，皆学业有成，自成一家，有的成为数学家，有的是画家，有的是社会运动人士。

费尔巴哈生活的年代正是德国社会运动频发和思想激烈碰撞的年代。寻求德意志民族统一的声音不断在青年中爆发出来。自由、浪漫、革命、推翻旧社会、建立新社会成为当时的关键词语。在瓦格纳青年时期，费尔巴哈和蒲鲁东是他革命思想的引路人。瓦格纳醉心于两位大家的理论，"上帝只是人类的一种意识创造"和"财富是偷盗"的理论，惊世骇俗，大有"一人之辩，重于九鼎之宝；三寸之舌，强于百万之师"之气势。在德累斯顿，白天瓦格纳忙于排练，晚上他和一帮志同道合的朋友喝着小酒，畅谈个人憧憬，怀揣艺术理想，立誓为自由、为人民、为统一的德国忘我地奋斗。

费尔巴哈，这位留着大胡子、目光冷峻坚定的哲学家，年轻时一定知道布鲁诺的故事，也一定为布鲁诺的悲惨命运而抱不平。不知道，费尔巴哈先生会用怎样的目光注视耶稣？他知道，耶稣和宗教一样，都是人意识的产物，都是人生痛苦的慰藉。我深信，"我思故我在"和布鲁诺的故事早就进入费尔巴哈的灵魂中了，且随着时间的流逝而促成了理性的萌芽。

不过，费尔巴哈的著作对瓦格纳来说，就像一团火焰，燃烧年轻的激情。自瑞士隐居后，在科西玛的日记中，瓦格纳再也没有提过费尔巴哈这个名字，而且，瓦格纳从马丁·路德那里，获得了一种持久的信仰。

Ludwig Geyer

## 路德维希·盖尔

路德维希·盖尔可能做梦也没有想到，自己的养子瓦格纳居然能成为19世纪德国伟大的作曲家，其名声和影响力不亚于歌德、席勒。

童年的盖尔在艾斯里本长大，其父从事保险工作。幼年，他爱观察自然，鸟兽鱼虫、清风明月皆能打动他的心扉。从艾斯里本中学毕业后，他去莱比锡读书，其父亲在外出回家的路上意外受伤，不久撒手人寰。盖尔不得不面对这严酷的现实，辍学打工，接济家用。

1801年，盖尔回莱比锡，举目无亲，所幸认识了一位朋友，名叫弗里德里希·瓦格纳（Friedrich Wagner，瓦格纳的生父）。瓦格纳时常接济盖尔，鼓励他投身界界。盖尔经常出入瓦格纳家中，并与他的妻子约翰娜交往甚密。

法国对俄战争失败，欧洲反法同盟逐渐形成。奥地利成功说服莱茵邦联的大部分会员国参加反法同盟，双方于1813年10月在莱比锡城外展开一场血战。战斗持续了三天，最后波及城内，大街小巷哀鸿遍野，疾病肆虐，数千市民死于斑疹伤寒。弗里德里希·瓦格纳也是众多受难者之一，死时年仅44岁，留下妻子和八个子女，其中最小的当时才七个月大，刚在那年8月受洗，取名为理查德·威廉·瓦格纳。后来，盖尔就娶了约翰娜。

心理学家试图通过两个父亲带来的认同危机，来解释瓦格纳一生傲慢的个性。不过这并不足以让后人对瓦格纳的童年是快乐的这一点产生怀疑，路德维希·盖尔确实是一位能与孩子沟通、秉性聪明的继父。他特别疼爱小瓦格纳，对他的未来抱有极大的期望。可惜好景不长，1821年，盖尔去世了。英年早逝的盖尔原本希望瓦格纳成为一名画家。对于盖尔是否是一位富有爱心的父亲，历史学家众说纷纭。事实上，直到15岁时，瓦格纳在学校注册的还是理查德·盖尔这个名字，到了1828年才重拾瓦格纳之姓。

由于盖尔与约翰娜之间的关系可追溯到弗里德里希·瓦格纳死前数年，有学者认为，盖尔其实是瓦格纳的生父，说约翰娜曾不顾战争危险，带着仅两个月大的瓦格纳，跋涉数百公里去探视盖尔，让身为人父的盖尔看看新生儿子。持否定观点的学者们认为上述言论仅是无稽之谈，因为瓦格纳头大身小的特异体型，无疑遗传了瓦格纳家族的特征。真乃公说公有理，婆说婆有理也。

# Ludwig II

## 路德维希二世

他把艺术视为人生中最重要的精神享受。

路德维希二世（下面皆称路德维希，以便阅读）是19世纪巴伐利亚的国王。他迷恋瓦格纳的歌剧艺术，在其歌剧里，他穿越到中古时代，除却羞涩，洗掉忧郁，半人半神，飘飘欲仙，不觉忘却尘世的烦恼与忧愁。

1858年，瓦格纳和其艺术赞助人的妻子玛蒂尔德之间萌发的暧昧关系，闹得满城风雨，他不得不离开苏黎世，先去奥地利的边境转了转。1859年他从威尼斯赶到巴黎，伺机而动，他希望能在巴黎上演《尼伯龙根的指环》。事如所愿，法国皇帝同意在1861年3月演出该剧。

1864年，瓦格纳暂居维也纳，债务缠身，只好溜之大吉。他赴慕尼黑，转巴塞尔，又折往斯图加特。瓦格纳在斯图加特的日子可谓如当年在巴黎一样充满艰辛和苦难，没有工作，居无定所，飞黄腾达的希望似在干涸的沙漠里寻找参天大树那样渺茫。正值瓦格纳吃了上顿没下顿的时候，1864年的3月，巴伐利亚王室内阁的一位大臣找到了瓦格纳，将一幅巴伐利亚王子的画像交付于他，同时还送给他一枚王子的戒指。在《我的生平》中，瓦格纳将这枚路德维希的戒指喻为他们之间友谊的象征。

在瓦格纳见到路德维希之前，他的生活还入不敷出，似乎很失败。不过，路德维希见了瓦格纳之后，想必会像贾宝玉见了秦钟那样思忖："可恨我为什么生在这侯门公府之家，要也生在寒儒薄宦的家里，早得和他交接，也不枉生了一世。我虽比他尊贵，但绫锦纱罗，也不过裹了我这枯株朽木；羊羔美酒，也不过填了我这粪窟泥沟：'富贵'二字，真把人荼毒了。"瓦格纳见路德维希举止不凡，谈吐高雅，也顿生好感。瓦格纳在给卡罗斯菲尔德的一封信里写道："当我见到这位王子时，我不认为路德维希仅仅是个拥有漂亮外表的小伙子，而是具有深刻思想和敏锐洞察力的王子。"由于年长路德维希三十几岁，瓦格纳在路德维希面前，摆尽老师的派头。在近两年间，瓦格纳与路德维希几乎朝暮可见，可谓芳草遇甘霖。

瓦格纳在巴伐利亚的第一个宏愿，就是办一所德意志音乐学校，校址设在慕尼黑。他在1865年5月31日写给路德维希的一份报告中，详细论述了建设音乐学校的必要性，该校不仅要上演他的歌剧，也要成为研究和发展德意志歌剧的阵地。在报告中，对当时德国歌剧现状，他倾诉心中忧虑：德国歌剧长期依赖法国和意大利的演员，此种状况下，何谈塑造德意志的伟大音乐？瓦格纳满怀激情，向路德维希讲述他在《苏黎世笔记》（"苏黎世艺术论"）中曾经谈及的这个计划，可是路德维希不感兴趣。

不过瓦格纳还准备了第二个计划——建造一座剧院，用来专门演出歌剧。这座歌剧院选址在伊萨尔河边，由于花费巨大，路德维希还拿出自己的私房钱，房基都建好了，最终还是因资金短缺，计划不得不终止。

在慕尼黑期间，瓦格纳请来了昔日的战友奥古斯特·厄科尔（August Röckel）和朱里斯·弗勒贝尔，来慕尼黑创办报纸。这得到路德维希的同意，且给予了资金扶持。瓦格纳在这份报纸上刊发了许多挑衅皇权的言论，惹得路德维希的内阁大臣们群情激愤。在瓦格纳和幕僚之间，路德维希真是左右为难。群臣与路德维希在瓦格纳的问题上，矛盾越积越大。大伙儿以王位要挟路德维希。路德维希为保住王位，只好让瓦格纳走人，也是无奈之举。1865年12月6日，北风凛冽，瓦格纳挥手作别慕尼黑。

之后，瓦格纳与路德维希之间又雁去鱼来长达十几年。路德维希给瓦格纳的书翰183封，电报86份，还有2首献给他的诗歌；瓦格纳给对方的信件多达258封，电报86份。这些信件、电报，让后人窥得两人间的诸多秘密，多了许多茶余饭后的谈助。

为了实现艺术的宏愿，瓦格纳一直保持旺盛的激情，雄心勃勃，但他是个以自我为中心的艺术家，借路德维希对他的仰慕，利用其幼稚和天真，从这位王子身上攫取大量的金钱和各种各样的资助。1972年上映的意大利电影《路德

《跳蚤》杂志里路德维希的漫画，路德维希成为天鹅骑士

维希》中，导演卢齐诺·维斯康蒂（Luchinl Viscontti, 1906—1976）详尽刻画了瓦格纳的贪婪和自私。

帝王可以一言九鼎，可以举全国之力，用在自己的爱好上。路德维希在世时，建造了三处宫殿——新天鹅堡、林德霍夫宫和赫尔伦基姆泽宫，如今皆闻名于世。林德霍夫宫还有个维纳斯洞穴，此洞穴被装饰成《唐豪瑟》中的维纳斯堡，妖媚无限，人处其间，神魂颠倒。现在看来，此举有点"花花公子"之手笔，令人不觉联想"春寒赐浴华清池，温泉水滑洗凝脂。侍儿扶起娇无力，始是新承恩泽时"。还好，路德维希不爱女色。1867年，路德维希曾和巴伐利亚大公的女儿索菲娅订婚，但后来路德维希取消婚约，直至去世，他终身未娶。

作为一代帝王，腼腆、忧郁的路德维希在政治上的所作所为，的确为人所诟病，但是德国人也爱其烂漫天真，在他自杀后，后人戏称他为"童话国王"。

他，爱江山，更爱艺术。

Ludwig van Beethoven
## 路德维希·范·贝多芬

案头上，有本20世纪国内某出版社出版的书，名叫《德国艺术家随笔》，这是一本杂集，翻译本，汇聚不同作者的随笔。里面有篇《朝拜贝多芬》，列在瓦格纳名下。有如下一段文字：

"恼人的工作呵！"贝多芬说道，"我不是一个歌剧作曲家，至少在这个世界上我还看不到一个我高兴为之再写一部歌剧的剧院！要是我按照自己的想法写一部歌剧，那人们都会看也不看地跑开的；因为在这里面人们找不到什么咏叹调、二重唱、三重唱之类，今天他们就是用这些玩意儿来拼凑歌剧，而我要写的，没有一个歌唱家要唱，没有一个观众要听。他们只是熟悉那些五光十色的谎言、光怪陆离的荒唐和裹着糖衣的百无聊赖。谁要是谱写一部真正的音乐剧，就被看成一个傻瓜，他写这样的东西不是为了自己玩赏，而是要在观众面前演出。"

贝多芬一生只写了一部歌剧《费黛里奥》(Fidelio)。或许，贝多芬认为，纯粹的音符比那些花里胡哨的歌唱表演要更深沉，更能触及人类灵魂吧。相比歌剧，纯音乐则不需要依赖太多的外在条件，几个乐师，几把椅子，几本乐谱，几件乐器，室内室外，花前月下，皆可演奏。安静就是唯一重要的条件。瓦格纳崇拜贝多芬，在科西玛的日记中，会发现大量贝多芬的名字和他作品的曲目，如《爱格蒙特》《A大调奏鸣曲》。他时常为科西玛演奏几段，度过一个个难忘的夜晚。

贝多芬的交响乐，不独瓦格纳偏爱，世人皆爱。瓦格纳同时代的人，喜将他们二人进行比较，非分出伯仲不可。在1871年10月的某篇日记里，科西玛记述如下：

晚上，有朋友串门，聊及音乐报上，有文章称瓦格纳江郎才尽一事。瓦格纳气愤并说道：贝多芬下世后，世间再无交响乐。无聊之人总要无端制造话题，并非所有人都要为交响乐活着。之后，瓦格纳为我们演奏《众神的黄昏》中齐格弗里德出场的一段乐曲，一种无名的震颤油然而生。

关于贝多芬，尼采与瓦格纳聊得最为深切。1870年前后，尼采还常常光顾瓦格纳的隐居之所。有次，他带来所写论文《瓦格纳与贝多芬之比较》。瓦格纳看后，点头认可。当然，他们在很多问题上，依然各有看法。1870年2月15日，科西玛这样记述：

尼采来访。瓦格纳演奏了莫扎特的《费加罗》和《后宫诱逃》中部分章节。尼采认为，莫扎特设置了一段阴谋的旋律。瓦格纳却不以为然，他坚持莫扎特用旋律酝酿了"阴谋"。

姑且不论他们孰是孰非。想必，他们听得入心，便有"玄门近在咫尺"之感。

回到这本《德国艺术家随笔》和这段引文。稍有常识的读者应该知道，贝多芬和瓦格纳并不生活在同一时代，前者在18世纪里为音乐憔悴受难，后者在19世纪里为歌剧流浪漂泊。贝多芬下世于1827年，这一年瓦格纳14岁。瓦格纳用回忆的笔调，讲述了一个无名小卒"追星"的故事。小瓦格纳下定决心，从莱比锡到维也纳，选择步行，因为手头拮据，囊中羞涩；他匆匆忙忙地在背囊里装上几个粗麦面包，就上路了。一路上，餐风饮露，走累了，就搭顺风车，吃再大的苦也值得，只要能见贝多芬一面。在感叹"大师从小就出类拔萃"的同时，我也怀疑这个故事的真实性。纵使在贝多芬奄奄一息前，瓦格纳开始实施这个壮举，他也才不过14岁。一个14岁的孩子竟然如此胆大和自信，置生死于不顾，莫非真是"自古英雄出少年"？

萧伯纳在《瓦格纳寓言》中写道，贝多芬遵从美的典范，他只寻求如何表达自己的情感。对他而言，笑话就是笑话，如果在乐曲中听来有趣，他就满意了。然而有些人固执地认为音乐都必须写出漂亮的对称形式，否则就是低级玩意儿。所以在保守人士看来，贝多芬的交响曲问题重重，滑稽可笑。不过，对于想要探索新音乐形式的人，还有那些渴望在音乐中表达情感的人来说，贝多芬无疑起了示范作用：他一心想要表达自身的情绪，却以前所未有的勇气和坦率，表达出了19世纪涌现的一代人的情感。

毋庸置疑，瓦格纳一定从贝多芬的交响曲中，采得"精华"，补其不足。瓦格纳将贝多芬悲天悯人、英勇雄健、四海之内皆兄弟的精神气质，升华为"爱欲苦海两茫茫，英雄美人难思量"的境界。

# M

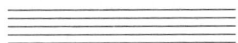

Mathilde Wesendonck

## 玛蒂尔德·维森多克

　　玛蒂尔德是贵族之后，从小浸染文学艺术，好诗词曲艺。她有一幅肖像画，画上她的衣香鬓影，举手投足，无不使人顿生"手如柔荑，肤如凝脂，领如蝤蛴，齿如瓠犀，螓首蛾眉"之想象。她心怀仁爱，乐善好施，对穷困中的瓦格纳显得格外友善。这是让瓦格纳对她产生幻想的原因之一。

　　商人奥拓·维森多克与她相识后结婚。他们的婚姻是否是爱恋的结果，无从考证。玛蒂尔德嫁入豪门后，定能感知"侯门一入深似海"的滋味。家庭生活的富裕，未必带来精神上的富足。有一点可以肯定，玛蒂尔德的丈夫一定不是她的"萧郎"，否则，瓦格纳怎能在他们搭建的婚姻金字塔上搬下一块石头呢？1852年，瓦格纳夫妇流亡瑞士，经朋友介绍，结识了奥拓·维森多克。奥拓欣赏瓦格纳的才学，佩服其冒险的革命热情。他为人豪爽侠义，将自己空闲的一处别墅无偿借给了瓦格纳。

　　与米娜结婚后，瓦格纳从未品尝到婚姻的甘甜。米娜热衷钱财，生活开销上大手大脚，常常捉襟见肘。他们夫妇在艺术上也少有交流，时常分居异地，情感疏淡。寂寞中的婚姻难免滋生"红杏出墙"的故事。瓦格纳时常在创作之余去奥拓家中聚会、打牌或者聊天。繁忙的工作让奥拓时常外出旅行，这给瓦格纳与玛蒂尔德营造了许多天然的契机，他俩常幽会于长亭古道边，或徘徊于荒村阡陌之上。在玛蒂尔德面前，瓦格纳吐心声，展才学，献一堆绵绵情话，遂赢得"红尘一笑"。瓦格纳还为玛蒂尔德写过五首诗歌，这些后来成为有名的《玛蒂尔德·维森多克之歌》。

瓦格纳写给玛蒂尔德的一封信被米娜截获，瓦格纳与玛蒂尔德间的关系终于浮出水面。在奥拓得知瓦格纳和自己的夫人有暧昧关系后，他们之间那种朋友加知己的关系就难以维系了。瓦格纳思念深闺中的玛蒂尔德，于1858年7月6日写信给玛蒂尔德，里面有段内容如下："你能够提供给我生活的最高恩惠吗？在这个世界上，我所视为最有价值、最值得感谢的，不就是你唯一的一个人吗？你用不可名状的牺牲和痛苦为我换取来的东西，我又怎能不尽力报答呢？"从中可以看出瓦格纳对于玛蒂尔德怀有无比的眷念，爱得深，痛得也深。1858年的下半年，瓦格纳只得离开瑞士，前往意大利。虽然情感遭到挫折，婚姻不幸，但瓦格纳依然我行我素，过着"瘦马驮诗天一涯"的生活。创作上，他最大的收获就是完成了《特里斯坦和伊索尔德》。

奥拓夫妇大概是真的欣赏瓦格纳的才情，在拜罗伊特剧院建好后，好几部歌剧的首演他们都亲临现场观摩，并在拜罗伊特小住，他们似乎忘却了过去不愉快的经历。科西玛对于瓦格纳与玛蒂尔德曾经的关系也有所耳闻。他俩婚后，科西玛对此事依旧怀有醋意，时常留心瓦格纳的来往信函，凡是玛蒂尔德寄来的信，她皆付诸一炬。即使在瓦格纳去世后，科西玛还在四处搜罗他们之间的过往信件，并嘱托出版社，不可擅自出版他们二人间的信札及电报。

玛蒂尔德是瓦格纳创作的伊索尔德的原型，玛蒂尔德身上那份恬静与安详、宽容与善良仿佛就是伊索尔德再现。

Michail Alexandrowitsch Bakunin

## 米哈伊尔·亚历山大诺维奇·巴枯宁

巴枯宁面容沧桑，垂头散发，胡子拉碴，目光深沉，不用说，他的一生并不如意。

他的父亲是沙皇手下一名外交官，精通意大利语和法语，曾在佛罗伦萨和那不勒斯工作，其在不惑之年退隐家乡，尽享林泉之趣。夫妇俩育有五男五女，巴枯宁是老大。

巴枯宁少时，性情鲁莽。在圣彼得堡的军事学校里，无视教规，顶撞老师，后被学校开除。弱冠时，他游学莫斯科，与一帮刚毕业的大学生搞哲学研究。他有幸认识了诗人尼古拉·斯坦科维奇，从其处了解了康德、谢林、黑格尔、歌德、席勒和霍夫曼等大师。

1840年，他背井离乡，出走柏林。适逢柏林正闹社会主义运动，如火如荼。他欣然加入青年黑格尔派，拥护社会主义之理想。俄国政府很快注意到这个思想激进的年轻人，并发文要他回国，若有违抗，则没收财产。巴枯宁认为理想高于物质的享受，遂和格奥尔格·赫尔韦格去了苏黎世。

1844年，俄国政府正式通缉巴枯宁，声称要剥夺其贵族头衔，还要囚他于西伯利亚。威胁吓唬不了真正的革命者，他回信给尼古拉一世，称尼古拉为暴君，呼吁波兰人民拿起武器，捍卫自由。

为躲避追捕，巴枯宁四处躲藏。在巴黎，他结识了马克思、恩格斯，还有在艺术圈子里人气最旺的蒲鲁东。1849年德累斯顿革命爆发前夕，巴枯宁已觉得天下有大变之气象。在德累斯顿，瓦格纳认识了巴枯宁，英雄相见恨晚。那段时间，瓦格纳正担任德累斯顿宫廷歌剧院的指挥，但他无心创作和演出，而是热衷革命事业。一群青年，风风火火，斗志昂扬。在革命失败后，瓦格纳与巴枯宁逃出了德累斯顿。

1850年11月，巴枯宁被沙皇当局抓住，囚于西伯利亚。天气恶劣，营养匮乏，使他的身体每况愈下，一病几殆。关押十年后他被释放。1861年8月，他坐船到达日本北海道，后至横滨。在日期间，喜逢昔日患难兄弟威廉·海涅（Wilhelm Heine，画家）和菲利普·弗郎兹·冯·西博尔德（Philipp Franz von Siebold，植物学家）。他肆意游荡，过浩瀚太平洋，从纽约到波士顿。在查尔斯河旁，天空澄碧，乔木林深，四下苍茫萧瑟。巴枯宁望着湛蓝的河水，一股壮志未酬之情油然而生，旋即回到欧洲。

革命失败后，瓦格纳几乎与巴枯宁断绝了往来。这是明哲保身的策略。革命对于瓦格纳一生来说，只是插曲。巴枯宁要砸碎的那个世界，后来却成为瓦格纳的依靠。瓦格纳在苏黎世隐居的那些日子里，时有达官显贵、文人雅士闲来走动。当夜深人静时，瓦格纳可曾想过这位饱经沧桑、壮志未酬的老大哥？

1876年，巴枯宁在瑞士伯尔尼去世。

Minna Planer

## 米娜·普拉纳

米娜·普拉纳是瓦格纳的第一任妻子。她面庞饱满，成熟性感，擅美声。1834年，瓦格纳在马格德堡的一个剧场做音乐指挥，米娜是剧里的主角。

米娜比瓦格纳年长4岁，她很早就与一位皇家萨克森军官有个非婚女儿，并视其为妹妹抚养。23岁的瓦格纳与米娜在哥尼斯堡的一处教堂结婚。米娜性格外向，不擅家务，缺少女人的温柔和贤惠。婚后，瓦格纳和她争执多次，相互埋怨。瓦格纳无固定工作，生活拮据，这是婚后矛盾的主要原因。

生活每况愈下，1837年5月，米娜跟一个生意人私奔了。恰在此时，里加（位于拉脱维亚，当时属于沙皇俄国，是一座濒临波罗的海的古城，住有不少日耳曼人）一家剧院邀请瓦格纳出任音乐总监。8月，瓦格纳抵达当地，10月与米娜破镜重圆。

瓦格纳创作《黎恩济》期间，剧院准备全面改造，因而演出不能如期进行，观众怨声载道。1839年，瓦格纳被剧院辞退。他再度失业，负债累累，债主步步紧逼，当局怕他们

160

潜逃，没收了他俩的护照。夫妻二人冒险偷越国境，经东普鲁士，最后抵达巴黎。在港口，瓦格纳夫妇搭上"忒提斯"号小型双桅帆船。一周后，暴风雨迫使他们躲进挪威一处港湾。瓦格纳在自传中称，《飞翔的荷兰人》中的水手之歌，其灵感即来自这次暴风雨中船员的呼喊声：狂放恣意，与命运抗争，旋律随雾霭在峡湾里荡气回肠，悲天悯人，气象森然。

革命挫败，瓦格纳败走瑞士。逃亡期间，夫妻俩靠书信苦诉衷肠。米娜在一封给丈夫的信中写道："亲爱的夫君，您觉得我到底是离开故土还是和您再次聚首？这唯有上帝知道答案。我相信您在苏黎世一定倍受尊敬，就像战争前，您在德累斯顿，常呼朋引类，竟日畅欢。直至目前，我最大的自豪和愉悦都来自那次经历——我和您站在教堂的顶楼，俯瞰德累斯顿风景的那个刹那，你我都融于风景之中。您的新交响曲令我难忘，苦于文笔贫乏，不能一一畅言。亲爱的瓦格纳，您像上帝，集魔力与魅力于一身，征服了民众，也俘获了我的芳心。"

在着手创作《尼伯龙根的指环》和《特里斯坦和伊索尔德》之时，瓦格纳遇见了玛蒂尔德·维森多克（见书中词条），并曾与之有过一段缠绵悱恻的恋情。《特里斯坦和伊索尔德》中的伊索尔德的原型即玛蒂尔德·维森多克。对他们的绯闻，米娜义愤填膺，最终在1858年，瓦格纳与玛蒂尔德决定正式分手。

此后，瓦格纳南下威尼斯。在海边，瓦格纳观夕阳，品牡蛎，沽小酒，牡蛎的腥味与葡萄酒的清新，催发了其创作灵感。瓦格纳继续创作《尼伯龙根的指环》和《特里斯坦和伊索尔德》；米娜则回到家乡德累斯顿。1860年，保利娜·梅特涅公主（Princess Pauline Metternich），慷慨赞助瓦格纳在巴黎做研究，米娜又偶来巴黎与瓦格纳小住。此时瓦格纳正忙于《唐豪瑟》的排练，忙里偷闲，他们也在被衾中叙叙旧情。不过，在巴黎歌剧院，《唐豪瑟》的演出未获好评，瓦格纳也只能暂停巴黎的工作。1862年，瓦格纳在威斯巴登排练《纽伦堡的名歌手》之际，米娜又来了，短暂的10日之内，夫妻数次吵架后，不欢而散，不想竟成天涯永别。

米娜在给恩斯特·基茨（Ernst Kietz）的信中写道："瓦格纳良心尽失，我饱受其侮，身心俱疲，气力耗尽，活着的勇气几殆。然唯有朋友们，待我亲如姐妹。这个男人，两年半前已不复与我见面，他走在阳光里，意气风发；而我独立墙角边花荫下，唯有悲悲切切。"

1866年1月25日，一个阴霾的日子，米娜心脏病发作，下世于德累斯顿。

米娜（瓦格纳前妻）

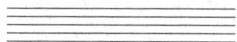

*Oper und Drama*
## 《歌剧与戏剧》

1849年，革命失败，瓦格纳精神颓唐，暂避苏黎世。苏黎世山水秀丽，宁静旷远，瓦格纳游目骋怀，思绪万千。《歌剧与戏剧》是瓦格纳的一部重要著作，成稿于1850年至1851年间。时值李斯特在魏玛宫廷歌剧院担任指挥，他力挺瓦格纳的歌剧《罗恩格林》，并亲自指挥，演出后旋即使该剧广受好评。此后，瓦格纳告别了穷困潦倒、餐风饮露的生活。革命虽遭挫败，但是瓦格纳前半生的歌剧事业却有了坚实的基础——《黎恩济》《唐豪瑟》和《罗恩格林》都崭露头角，初步展现了瓦格纳歌剧的基本特质。1853年，苏黎世歌剧院举办瓦格纳歌剧节，以此庆祝瓦格纳40岁生日。

除创作剧本和作曲之外，瓦格纳还热爱著述。在心脏病夺取他生命的前几日，他还在与科西玛谈论，为妇女同志写文章。在《歌剧与戏剧》里，他陈述德国歌剧的现状，规划未来歌剧的样式特点。最终，该书与《艺术与革命》《未来的艺术作品》合并成三卷本，瓦格纳的好友乌利希为该书撰写了序言。在书里，瓦格纳引用了"综合艺术作品"（Gesamtkunstwerk）一词。瓦格纳独具前瞻能力，认为未来的歌剧将融音乐、演唱、剧本写作、服装、舞台设计、灯光、道具、绘画等于一体，歌剧艺术一定是凌驾于所有艺术之上的艺术，将成为当之无愧的"艺术之王"。

瓦格纳常常批判法国式和意大利式歌剧，厌恶其中的莺莺燕燕和靡靡之音。这些异国歌剧中的爱情充满情欲和肉欲的宣泄，纯粹为了感官娱乐，而非表达悲剧的崇高感，使人堕落，麻痹性灵。鉴于此，他要让世人在德国式歌剧里找到真正的爱情。瓦格纳大量涉猎英、俄、法等国小说，从中寻找灵感；从神话中获得启示；从哲学家的著作里获得智慧。《歌剧与戏剧》主要论述了韵文学、交响乐的运用，诗人与音乐家在音乐剧本创作中的关系。瓦格纳认为，神话虽然来自逝去的文化，但也能成为现世的预言。在现存的瓦格纳所有的歌剧作品中，最能体现其艺术思想的就是《尼伯龙根的指环》。

瓦格纳书写《歌剧与戏剧》时，正沉浸在费尔巴哈的乌托邦思想中。彼时的他仿佛一位荷枪实弹的艺术家，而这本书也成为散发革命气息的音乐著作。理查德·施特劳斯曾高度褒奖《歌剧与戏剧》。

# P

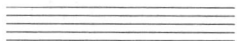

Paris

**巴黎**

　　假如你有幸年轻时在巴黎生活过，那么你此后一生中不论去到哪里，她都与你同在，因为巴黎是一席流动的盛宴。

——欧内斯特·海明威

　　法国诗人波德莱尔于1861年4月1日在《欧洲评论》上发文写道：一位德国作曲家，曾长期生活在我们中间，却不为人知，他贫穷，默默无闻，靠一些微不足道的生计过活，可是德国的公众把他当作天才人物颂扬已有15年了；现在他又回来了，回到了目睹他年轻时代苦难的城市，并且把他的作品拿来让我们评判……

　　从这段内容中可知，瓦格纳年轻时在巴黎活得并不潇洒，饿着肚皮写剧本可是家常便饭。后来，瓦格纳凯旋，还带着自己的歌剧。

　　19世纪初，巴黎是欧洲之都，甚至是世界之都。列夫·托尔斯泰在小说里，时常借贵妇人的口来赞美巴黎的"富贵"和"高雅"。那些出入圣彼得堡上流社会的贵妇人，如不能说上一口流利的法语，那简直羞煞人。路易十四、

170

十五、十六执政期间挥金如土，也为巴黎带来招人妒忌的富丽浮华——香水、胭脂、高跟鞋、遮阳伞、假发、丝绒靠背椅，连混乱的男女关系都仿佛带着巴黎优雅的气息。

1837年到1842年，瓦格纳饱尝人间的贫穷和冷漠，一路坎坷，摇摇欲坠，从里加到伦敦再到巴黎，经常食不果腹。但是，在这段艰苦的岁月里，瓦格纳在歌剧的创作上却收获颇多：《黎恩济》《飞翔的荷兰人》《唐豪瑟》相继完成。他把自己的灵魂和体悟融入创作，与剧中人同呼吸、共命运。瓦格纳刚来巴黎之际，巴黎人正热衷梅耶贝尔的大歌剧样式，沉迷于剧院的豪华装修、舞台布景，还有芭蕾舞表演。巴黎人在欧洲，素以生性浮躁、爱慕虚荣著称。瓦格纳身上的悲剧气质与这座城市浮华的口味实在难以调和，但为了迎合巴黎人的口味，也不得不为他们私人定制，比如在《唐豪瑟》里加入芭蕾舞，这在德累斯顿的表演中是没有的。

在19世纪，如有人怀有梦想，就只能去巴黎。当时的巴黎，人才济济，死了的和没死的名人都能揪出一大把：莫里哀、蒙田、伏尔泰、卢梭、雨果、庞加莱、罗丹、福楼拜……瓦格纳作为一个外乡人，想在这里出人头地实在艰难。巴黎对外乡人似乎并不友好。20世纪初，巴金寓居巴黎时，写有一篇《巴黎》小文，吐露其寂寞彷徨的心态：

一盏煤气的街灯，一个破败的烟突，都有它们的痛苦的历史。还有那好像在燃烧的红天，像两块墓碑一般高耸着的圣母院的钟楼，整日整夜悲鸣的圣母院的钟声……寂静的街上仅有行人：穿着破衣服的工人和穷学生，以及颈项上围着狐皮的中等人家的太太小姐，都匆匆忙忙地走过去。有的一言不发，有的唱着歌，说着笑话。然而，就在这歌声和笑声中也含得有一种痛苦的声音，好像每个人都在强为欢笑！他们笑只是为了止住哭。从此我才觉得我不曾了解人，也不曾了解巴黎……

瓦格纳来此之前，他的德国老乡们都已经在巴黎打出了一片天地，如海涅和梅耶贝尔。梅耶贝尔是法国大歌剧的创造者，是德国出生的犹太人。这位老乡对瓦格纳还不错，有过提携。瓦格纳的早期私人记录中曾记载："梅耶贝尔来柏林了，我激动极了，我愿意成为他忠实的奴仆，愿意为他全身心付出我的一切，愿意成为他身体的一部分，为他提供养分……"不难看出，瓦格纳当时多么期望自己能够像这位功成名就的老乡一样，为世人瞩目。

在巴黎，除梅耶贝尔外，瓦格纳还有几位挚友。戈特弗里德·恩格尔贝特·安德斯（Gottfried Engelbert Anders）是德国出生的画家，瓦格纳年轻时的一幅肖像就是出自他的画笔；塞缪尔·莱尔斯（Samuel Lehrs）搞哲学和翻译。三人常常在塞纳河边啜茗聊叙，畅谈崇高理想。瓦格纳还结识了大诗人海涅，他的几部歌剧都和海涅诗歌有紧密联系，如《唐豪瑟》《罗恩格林》。

瓦格纳在巴黎的生活，堪称"文化苦旅"。从巴黎回德国后，他把自己比拟为荷马笔下的奥德修斯，历尽磨难，克服重重险阻，从特洛伊回到家乡伊塔克岛。瓦格纳冒凄风，历苦雨，度苦厄，终于成为一代大师。波德莱尔这样评价瓦格纳："文艺百家中，唯瓦氏作品最具现代性。他注激情于纤毫，平凡中见深刻。他取材于欧洲的经史典籍，而不独囿于传统，披肝沥胆，独辟蹊径。"

*Parsifal*
## 《帕西法尔》

1870年后，时值德意志鼎革之际，万民同乐。瓦格纳已到垂暮之年，日趋苍老。此时他心况疏淡，喜谈宗教，犹爱素食，主张戒杀动物，认为草木苍生皆有灵，人类须善待动物。

德国穷兵黩武，加之日耳曼人习性鲁莽，瓦格纳失望至极。1875年3月31日，他去信路德维希二世，信中书：此处民风粗俗，天气恶劣，我意欲前往美国。故乡对有些人来说，总有许多不尽如人意之处。不过，瓦格纳并未离开德国，他将最后一口真气用在《帕西法尔》的创作上。

1877年初，瓦格纳着手创作《帕西法尔》。1847年，艾森巴赫的《帕其法尔》和《提图勒尔》已是瓦格纳的案头读本。真正让瓦格纳开始构思《帕西法尔》的原因在于，年迈的瓦格纳两鬓斑白，沧桑奥古，自知生命所剩无多，而愈加感叹生命可贵，欲抒发对于生的渴望。

1879年，瓦格纳欲写《帕西法尔》总谱，恰逢其心脏不适，瓦格纳遂决定前往意大利南部的那不勒斯。那里阳光和煦，海风徐徐，益于身体的康复。果然，在那不勒斯，他完成了传记《我的生平》的写作。夕阳下，巍峨的维苏威火山，莽莽苍苍。在前往拉维罗郊游时，瓦格纳发现一处仅剩残垣断壁的花园，园中玫瑰却兀自绽放，妖娆富丽。《帕西法尔》中的克灵索尔魔幻花园的原型即脱胎于此。从那不勒斯回德国的途中，经锡耶纳，观锡耶纳大教堂，建筑巍然耸立，穹顶廊柱，雕梁画栋，玫瑰花窗泻下数缕阳光，沁入瓦格纳心田。该处即成为剧中圣杯圣殿的典范。一趟意大利之旅，身心愉悦，剧本收官，对瓦格纳来说，可谓一举两得。

《帕西法尔》乃一部泛宗教的神秘剧，是杂叔本华之精神，渗佛教之轮回，以基督教思想为主体的伟大作品。晚年，瓦格纳研究佛法，汉斯·迈耶在《瓦格纳》中写道："瓦格纳有文：'佛教乃人类精神中之伟大创造，非凡绝伦。它不涉强制，不涉谎骗，不涉教会，人们自发组织，如此轻而易举。'"佛教在19世纪的欧洲缺乏世俗烟火气，不会像薛宝钗所说的那样："如来比人还忙，又要度化众生，又要保佑家人病痛，都叫他速好，又要管人家的婚姻，叫他成就。"瓦格纳沉浸在叔本华思想和佛教教义之中，苦思冥想，体验两者碰撞后的分歧与矛盾，用叔本华的话说就是"宇宙痛苦的体验"。瓦格纳对"痛苦"发出感慨："人类的智识是意志的外象，使人自信，令人恐惧。意志无孔不入，即使两性相悦，意志也力图克己。身体乃是意志的奴仆。"

瓦格纳借《帕西法尔》，痛斥战争，铸就世界和平的愿景。在帕西法尔面前，古尔内曼茨坦言自己的罪孽——破坏自然，有违和谐共存之道。帕西法尔断其弓，毁其箭。这颇有道教传说许逊射鹿的味道：一天，许逊郊外射中一只小鹿，母鹿悲悯而死。许逊剖开母鹿，见柔肠寸断，恻隐之心油然而生，遂怨艾自己残酷无度，伤害天地骨肉之情，于是折断弓箭，从此不涉畋猎。而在歌剧中，人与人的本真、人与自然的和睦皆源于"万有生命的统一"。年轻时的瓦格纳推崇暴力革命，而晚年的他却厌恶战争。德国学者狄特·波希迈耶尔在其书《理查德·瓦格纳：作品 - 生平 - 时代》中写道：他读戈宾诺所著《种族不平等论》后，慨叹："环宇之内，异族彼帮，文化、习俗、居住条件、生活水平皆有差异，此番差异无法苟同。"种族间的战争正是源于这种差异和不平等。

在《英雄精神与基督教精神》一文中，瓦格纳写道："救世主的血并不是为了某个受偏爱的种族流淌的，而是恩泽苍生，奉献人类。"《帕西法尔》是瓦格纳在美学和宗教上的一次跨界，使人类从"自然状态"过渡到"道德状态"。瓦格纳借"帕西法尔"救赎自己；不过，实际生活中，有效的"救赎"还是看得见、摸得着的东西。德国作家奥利弗·希尔米斯在《山丘的女管家》中写道："该剧让瓦格纳挣得钵满盆满。肖特出版社（Schott-Verlag）向瓦格纳支付了《帕西法尔》的巨额版权费，高达 10 万马克（估计达 80 万欧元）。"这让瓦格纳笑坏了。

如今《帕西法尔》被演绎成许多版本，在世界各大著名剧院上演。演出期间，观众如潮。但其实这是一部让人想打瞌睡的歌剧，苏联指挥家基里尔·彼得罗维奈·康德拉申（Kirill Petrowitsch Kondraschin）曾调侃瓦格纳的歌剧，他说："世间唯有德国人，能在歌剧院正襟危坐，耐心聆听。这番冗长乏味的歌剧绝不符合斯拉夫人的性格。"

Paul von Joukowsky

## 保罗·冯·约科夫斯基

约科夫斯基如果不认识瓦格纳，那他在历史上可能就像落叶飘零，不会给人留下任何记忆。他出生在俄国，其父亲是位小有名气的诗人和翻译家。父母有点积蓄，能让他过上波希米亚式的艺术家生活。30多岁时，他于南欧闲逛，从希腊到罗马，沉醉在古典文化的琼浆玉液里。古典文化对19世纪的欧洲文人而言是必修课。

恰巧1880年，在那不勒斯，他遇到了在此度假的瓦格纳夫妇。67岁的瓦格纳接见了35岁的约科夫斯基。约科夫斯基情商甚高，能说会道，瓦格纳听得舒眉展眼。后他跟随瓦格纳夫妇游历锡耶纳古城。在旅行中，约科夫斯基为瓦格纳端茶倒水，嘘寒问暖，鞍前马后，给瓦格纳夫妇留下极佳的印象，瓦格纳遂邀请约科夫斯基为他的歌剧王国服务。在拜罗伊特剧院，约科夫斯基担任舞台设计，共参加了五次《帕西法尔》舞台设计工作。

他和瓦格纳全家有幅照片，拍摄于拜罗伊特，年迈的瓦格纳老成持重，功成名就，一副高高在上的样子，丝毫未意识到三年后他即将离世。约科夫斯基留着俄式大胡子，站

瓦格纳一家，1881年。从上左分别是从布拉狄内、齐格弗里德的家庭教师、
科西玛、瓦格纳、画家约科夫斯基，下左伊索尔德、达尼拉、爱娃、齐格
弗里德

在瓦格纳的左手边，面目凝重，也许他正在思考舞台布景呢。而瓦格纳的小儿子齐格弗里德像刚挨过父亲的批评，耷拉着脑袋，毫无气力，垂帽而立。

Pierre Joseph Proudhon
## 皮埃尔·约瑟夫·蒲鲁东

从18世纪启蒙时代至19世纪，法国产生了一大批有思想的人物：蒙田、卢梭、伏尔泰、狄德罗等人，还有蒲鲁东。

研究社会主义理论的学者们对蒲鲁东应该相当熟悉。法国经历了大革命后，社会阶层出现剧烈的动荡，贵族不再享有世袭的特权，财富也成了"社会罪恶"之源。蒲鲁东便是第一个提出"财富是罪恶"理论的人物。年轻的瓦格纳身在德国，读到蒲鲁东的书籍后，感到无比振奋，前行似乎有了明确的方向。

画家库尔贝曾经给蒲鲁东画过一幅肖像，画上蒲鲁东显得有些不修边幅，粗布套头衫，袖子撸得老高，左手擎着下巴，若有所思，几本大部头书籍和书稿随意摊在身旁，十足无产者的作风；两个女儿伺立左右，这又使他的生活多了些实在，不至于遁入空幻的理想主义，而成为离群索居的人。

蒲鲁东和巴枯宁是革命战友，皆拥护无政府主义。"Anarchy"（无政府状态）这个单词是蒲鲁东的创造。在其名作《什么是所有权？》（ What is Property? ）中，他提出"财产就是盗窃"的观点，瓦格纳曾经将这条名言常挂嘴边。

蒲鲁东这位出生在法国杜省首府贝桑松的小子，和其他老乡如乌托邦社会主义的创始人傅立叶、画家库尔贝、诗人马拉美、科学家巴斯德，还有电影的发明人卢米埃尔兄弟，一道构成19世纪贝桑松的名人风景线。

蒲鲁东在自传里写道："我有一个少见的优越之处，我生来就是和人民血肉相连的……我的父亲是一个平凡的木桶匠，他育有子女五人，其中我年岁最大。12岁以前，在一望无际的原野上，我与牛羊为伴。密密的草地上，我倒身翻滚，像牛一样品尝青草的滋味，我光着脚在小路上奔跑，我学会爬树、捉蛙、捕虾，这使我多么快乐。在6月温和的清晨，我脱去衣服，沐浴在朝露里，与世界浑然一体，几乎不能分开。"

愉快的牧童生活结束了。很快，蒲鲁东的父亲破产，失去了作坊，又失去了土地。蒲鲁东只好到一家旅馆当雇工，用自己的辛劳换取一天的面包。后来由于亲友接济，他被送到一所中学读了几年书。未毕业即辍学，他又到一家印刷所去当排字工人。据说，蒲鲁东的《什么是所有权？》这部重要著作，就是他自己排版的。

蒲鲁东在劳动之余，勤奋学习，博览群书。1837年，他28岁时，写了一本小册子《普通语法论》。他希望这本小册子能获得贝桑松大学的一笔奖金，未能如愿。后经努力，他获得该大学为期三年、每年500法郎的助学金。几年后，他相继出版了《什么是所有权？》《经济矛盾的体系，或贫困的哲学》和《论人类秩序的建立》。他的探讨和思考，为后来资本主义自身除邪祛病，提供了许多具有建设性的观点。

1844年后，蒲鲁东与马克思常相约在巴黎的塞纳河边，讨论社会问题。马克思关心社会中存在的贫富差别，希望用革命运动推翻现有的社会结构和秩序；蒲鲁东不一样，他预感用暴力革命的方式消灭私有制，会使新的社会革命理论变为一种新的宗教。他们在许多问题的认识上渐行渐远。

早在1839年，在完成《黎恩济》后，瓦格纳就来到了巴黎。他久已仰慕这块土地，并希望能在这里施展自己的艺术才能。但事与愿违，当时法国人正醉心于莺莺燕燕的大歌剧，他的作品几乎无人问津。囊中羞涩，居无定所，在巴黎的三年，瓦格纳深切体会到了"寒士"的滋味。就在瓦格纳痛恨自己是个无产者时，他读到了蒲鲁东的著作《什么是所有权？》。此书像福音书一样，抚平了瓦格纳心灵上的创伤，也点燃了他的乌托邦思想和革命热情。1848年，瓦格纳正是在蒲鲁东思想的激励下，投身革命的。

1865年1月的一天，在巴黎，病床上的蒲鲁东正聆听家人为他读报，他匆匆瞥过窗外寒风中的栗树，壮志未酬地离开了人世。

尽管如今他头上戴着"空想社会主义者"的帽子，我们还是要正确看待他，在那个动荡巨变的时代里，他与那帮所谓"小资产阶级们"像灿烂的繁星装点巴黎的夜空，践行着早期社会主义理论。

Porträt

## 肖像

　　19世纪前的名人，欲想获得一幅自己的肖像，只能求助于画家。历史上，鼎鼎有名的达·芬奇、拉斐尔、伦勃朗和鲁本斯都善于描摹，惟妙惟肖，精美绝伦。肖像画使所画者的相貌流传后世，也为艺术家带来富裕的生活。

　　至瓦格纳弱冠之年，欧洲始有摄影术。起初，肖像摄影对于大多数人是奢谈，可望不可即。当时之摄影远非当今之摄影来得简便和快捷。摄影师操镜头，钻暗箱，经长时间曝光，再浸化学药剂，魔术般操作一番后，方可获得一幅照片，堪为神奇。

　　瓦格纳早期的肖像为素描，少有油画。大大的脑壳，稀疏的头发，一件深色披风，四分之三的侧面像[1]，面容稍胖，忧郁中带有腼腆，含蓄中又显锋芒。肖像素描的风格延续古典绘画的路数，传移摹写，力求准确。像这样的肖像，在所见的出版物里就有十几张，不知道瓦格纳到底心仪哪幅。

---

[1] 四分之三的侧面像起源于意大利文艺复兴时期。早期古罗马人善于画侧面像，而中世纪的欧洲画家多画正面像。达·芬奇的《蒙娜丽莎》是四分之三肖像的代表作。

瓦格纳仿荷尔拜因画像，1871年

"仓廪实而知礼节，衣食足而知荣辱。"功成名就的瓦格纳自然在乎自己的仪容。想必，他见过荷尔拜因的《大使》画作。画中，两位大使衣轻裘，满身珠光宝气，气宇非凡。瓦格纳中年之后的照片，逐渐有"范儿"，西装革履，两手插在兜里，怀表挂在胸前，鬓角上，丝丝缕缕的头发自然卷起，大有松柏之质。有一幅照片让人刻骨铭心，他身穿裘皮大衣，贝雷帽下，双目炯然如炬，恣意洒脱，侧面的肖像仪态和造型酷似拿破仑。不知哪位摄影师摄得如此之好，瓦格纳的精气神俱在，一副末世贵族的派头，真乃传世佳作。

　　1882年，印象派画家雷诺阿画过一幅瓦格纳的肖像。灰蓝色的基调，深秋时节，午后阳光下，瓦格纳面色红润。雷诺阿的笔触随意而精彩，笔笔到位，不拘古典范制。瓦格纳双目慈祥，久经岁月磨砺，眼旁布着鱼尾纹，安静的目光穿透人世沧桑，直抵至善至真之境。这幅肖像非那些旧照中冰冷的瓦格纳。

　　在瓦格纳和科西玛闹出绯闻之际，画报上有漫画戏谑瓦格纳，矮小的瓦格纳牵手科西玛，其身后的阴影里是垂头丧气的比洛。瓦格纳生有一副强健的颌骨，这往往给人一种错觉：瓦格纳应该长得像贾雨村那样，腰圆背厚，面阔口方，剑眉星眼，直鼻方腮。其实，瓦格纳身高仅1.56米，头颅硕大，这样的身形的确非常特别。

瓦格纳在瑞士，1869年

# R

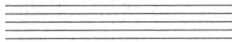

Religion
## 宗教

1831年，瓦格纳18岁。这一年，达尔文22岁，乘"小猎犬"号航行南美，考察动植物的生长状况，并开始考虑"生物进化"的问题。五年的旅行，让原本是基督徒的达尔文转变信念，成了博物学家。德国学者海因茨·史腊斐在其书《德意志文学简史》中写道：19世纪哲学家和文学领域的先锋都是公开的无神论者，他们以一种决绝的姿态，宣告了基督教世俗化的过程。

瓦格纳年轻时无宗教信仰，尽管他与米娜的婚礼在小教堂举行。此后，瓦格纳信奉蒲鲁东的"财富罪恶论"和费尔巴哈的"论基督教的本质"，后参与革命。革命失败后，瓦格纳与革命派们东躲西藏，四处奔波。可以说，年轻时的瓦格纳喝着古典文学的奶，长着异教徒的骨骼，干着反政府的勾当。

自1868年始，尼采常走访特里布辛，与瓦格纳促膝长谈，前后多达22次。《纽伦堡的名歌手》使尼采高度赞扬瓦格纳的才华和世界观：哇，一个开放的瓦格纳，一个无神论者瓦格纳，一个具有民主思想的瓦格纳。

尼采的世界是孤独的，像堂吉诃德，一个人扯着嗓子，向世界发问。尽管瓦格纳也喜欢堂吉诃德，但瓦格纳的世界还有欢声笑语，还有鲜花掌声，还有慕名而来的崇拜者。尼采扛着"上帝死了"这面大旗，孤零零地走到生命的尽头。而瓦格纳在生命后期，对宗教的态度有了极大的变化。他的妻子科西玛是虔诚的天主教徒，难道是科西玛改变了瓦格纳的信仰？ 1873年，临近圣诞节，科西玛于12月4日的日记中写道：

对我来说，关于佛教与基督教的区别，非常明显，基督徒活着受难，死后解脱，基督教是穷人的宗教；佛教呢，是智者的宗教，文化人的宗教，但必须远离迷信和舍利等话题。

虽说科西玛是天主教徒，但是她和瓦格纳一样具有广博的古典文学的背景，涉猎广泛。瓦格纳与科西玛一同生活17年，在科西玛14年的日记中，几乎很少有关于阅读《圣经》的记录。他们夫妇俩经常阅读荷马、但丁、歌德、席勒、富凯、莎士比亚和马丁·路德的作品。

还是1873年12月，13日那页日记上，科西玛写道：

是夕，我们读马丁·路德为一位选帝侯写的墓志铭。其文字深刻感人，纯真天然，优雅细腻，审慎周密，可谓其香不在蕊，而尽在骨中。歌德的伟大，便是出于他对美的探寻，持有审慎的态度。唯有信仰者，才能成其伟大。基督是传道者，带领我们走进生活。

当月的26日，科西玛又写道：

我们朗读马丁·路德的书。他对于翻译的观点，以及对待德语的方式，这一切如此重要。

瓦格纳对路德的情感是复杂的，原因可能有以下几点：1. 瓦格纳与科西玛结婚后，科西玛的宗教信仰也影响了瓦格纳，瓦格纳渐渐接受了宗教。2. 瓦格纳性格与路德性格也有接近的地方——都敢于斗争，不向命运低头。3. 德语在欧洲一直到歌德时代（18世纪）才真正站起来，之前德语是乡下人的语言，欧洲宗教人士讲拉丁语，上流社会人士讲法语，英语世界里也出了莎士比亚，达官显贵都耻于说德语。但路德在16世纪就将拉丁语版《圣经》翻译成德语，这对德语的发展起了巨大推动作用，至少把口头的德语发展成书面语，这普及、推广了德语的应用。所以路德不仅仅是个宗教人士，也对德语、德意志文化的形成做了巨大的贡献。瓦格纳读路德，其实有点觅知音的意思。

除基督教、佛教外，后来，瓦格纳对印度教也有广泛涉猎。科西玛于1879年11月27日写道：

是夕，读赫尔曼·冯·斯拉金特韦尔特（Hermann von Schlagintweit）的书，他对印度教的研究，真是引人入胜。印度人真是诚实可信，相爱之人，厮守到老。再瞧瞧我们欧罗巴人，较之亚洲人，简直如同野蛮人。

走向暮年，瓦格纳和科西玛在基督教和佛教的世界里，来回切换，左顾右盼。他们未怀取长补短之心，一切皆是"游目骋怀"，自然而然。

Richard Strauss

## 理查德·施特劳斯

对于奥地利施特劳斯家族，国人很是熟悉，这得益于每年在金色大厅举办的新年音乐会。不过，理查德·施特劳斯与奥地利施特劳斯家族没有半点亲缘上的关系。理查德·施特劳斯是德国浪漫主义晚期伟大的作曲家和指挥家。他的肖像两度刊于《时代周刊》的封面。

理查德·施特劳斯27岁时，认识了科西玛。在此之前，理查德·施特劳斯在柏林学习，他的老师就是科西玛的前夫比洛。比洛向科西玛举荐理查德·施特劳斯，称赞其有过人的音乐天赋和忘我的工作热情。1891年，理查德·施特劳斯在拜罗伊特担任排练指挥。在排练期间，科西玛在一旁观摩。她在写给张伯伦的信里说：他（理查德·斯特劳斯）有狂热激情，像个正处青春期的精力旺盛的年轻人。

在拜罗伊特，理查德·施特劳斯度过了一段惬意的时光，他借着科西玛对他的好感，在拜罗伊特扩展自己的社交圈。他经常去拜访科西玛的女儿们，有空也去法兰克福与科西玛的女婿亨利·托德（达尼拉的丈夫）家小住几日。科西玛的女儿布拉狄内和她的丈夫去意大利旅行期间，理查德·斯特劳斯也欣然前往，他倒是不把自己当外人。有一件事最使科西玛感动。当时齐格弗里德刚放弃建筑学，转学音乐。在音乐这条路上还在蹒跚学步的齐格弗里德，在理查德·施特劳斯帮助下，完成了第一部音乐作品。理查德·施特劳斯与科西玛家族间的友谊与日俱增，科西玛有意将小女儿爱娃许配给他。按照常理，理查德·施特劳斯本应该接受这份难得的恩赐，然而，他拒绝了。

在科西玛眼里，理查德·斯特劳斯是瓦格纳音乐最好的接班人。不过，在世人眼里，古斯塔夫·马勒才是瓦格纳音乐的真正接班人。然而，理查德·斯特劳斯却自有主见，他对科西玛的控制欲也颇为不满。此后，理查德·施特劳斯逐渐疏远科西玛。理查德·施特劳斯根据尼采的《查拉图斯特拉如是说》创作了同名交响诗，旋即便轰动了欧洲音乐界。科西玛本来就讨厌尼采，她觉得这部作品有讨好尼采的嫌疑，而且是对拜罗伊特权威——瓦格纳的公然挑衅，于是理查德·施特劳斯与拜罗伊特的关系彻底决裂。

奥地利作家茨威格在1931年10月至12月中的某个周五的日记中（日记中未明确标注具体时间，只注星期），记述了他拜访施特劳斯的故事：

上午访施特劳斯，他面色红润，精力充沛，活脱脱一派巴伐利亚人的气息，双目湛蓝，话语中不乏幽默，眼神流露虔诚与纯真。他视音乐已无发展之可能，需要休止数年。他说，在过去250年间，音乐极发展之能事，灿烂辉煌，目前业已停滞，恰如古人云："人无千日好，花无百日红。"对莫扎特，他全无兴趣。1882年，理查德·施特劳斯在瓦格纳的家中见过瓦格纳。他对于瓦格纳极为钦佩，并多次聆听《纽伦堡的名歌手》，其低音号传递出极为细腻的声调，感人至深。对于离开拜罗伊特，他的笑声中显然带有敌意。看得出，他与齐格弗里德之间存有芥蒂。他视贝多芬和瓦格纳为偶像，此二人是真正的剧作家，他们深谙旋律的"紧张"之道，一张一弛，尽在其股掌之上。

从茨威格的日记中，可见理查德·施特劳斯之性格，天真自然，特立独行。他对待婚姻的态度是"本然"，也是艺术家直觉的选择。他料想到如果与爱娃结婚，科西玛会继续给他施加许多压力——人格上无法独立，也就无法成为真正的艺术家。在脱离拜罗伊特后，理查德·施特劳斯创作了《家庭交响曲》《阿尔卑斯交响曲》等交响诗，还有许多弦乐作品和歌剧，如《随想曲》《玫瑰骑士》等。理查德·施特劳斯的名气与日俱增，如日中天，甚至德皇威廉二世也曾接见他。这位皇帝对他说：不喜欢您创作的歌剧《莎乐美》，而且这样的作品对创作者来说也不见得会带来正面的影响。可是，理查德·施特劳斯却幽默地回答：至少，我靠这部作品的收入在乡间买了栋别墅。

*Rienzi*

## 《黎恩济》

　　黎恩济确有其人，他生活在14世纪的意大利罗马。在短短41年的人生中，他热爱政治活动，思想上拥抱民主自由，是文艺复兴运动的先驱者。孩童时代，家境贫寒，但他酷爱读书，相信"书中自有黄金屋"的道理。他埋头于古罗马先贤的著作，常废寝忘食，挑灯夜读，通宵达旦。成年后，他娶了一位公证人的女儿。这门婚姻对黎恩济来说，实属高攀，因为黎恩济的父母仅仅是酒保和洗衣女出身。

　　到罗马后，黎恩济视贵族为宿敌，要求他们给予民众更多的权利。贵族们觉得，这小子挺嚣张，准备给他点下马威看看，不料那些整日吵吵嚷嚷的民众却支持他，拥护他的想法和主张。1347年5月19日，黎恩济带领民众走向议会，慷慨陈词。一时之间，黎恩济声名鹊起，享誉罗马。诗人彼得拉克为他感到骄傲，并写信鼓励他多多著书立说。后来，黎恩济成为罗马的护民官。

　　万事万物皆在变化之中。成名之后，黎恩济的信仰和举动也在悄悄地改变。他大权在握，心性开始浮躁，谦逊成了蛮横，智慧变为固执，节俭让位于奢靡。权力机构日渐庞大，他只能横征暴敛，以维持日常开销。终于，他渐渐失信于民，走上了人生舞台的另一条通道，市民对黎恩济产生误解，遂引发暴乱，他被害于家中。

关于小说《黎恩济》，"布维尔－李顿"词条有详细叙述，这里不复赘言。歌剧《黎恩济》是瓦格纳早期最为成功的一部作品。公演《黎恩济》时，瓦格纳才29岁。瓦格纳早期几部歌剧中的主角具有鲜明的性格，男性刚毅凛然，宁折不弯。瓦格纳在黎恩济的身上似乎找到了自己的影子，当然，他对于黎恩济生命后期的生活应该有些失望。

在《音乐中的犹太性》一书中，瓦格纳曾极力贬低梅耶贝尔。这是因为瓦格纳在写《黎恩济》时，梅耶贝尔正捣腾大歌剧，使用宏大的舞台装饰、花腔高音和欢快的节奏。瓦格纳厌恶其肤浅。在《黎恩济》中，瓦格纳运用绑架、尸体和暗杀元素，还有黎恩济骑马的场景等视觉元素，加上不同声部的男女高音及圆号等相关乐器的齐鸣，一起造成视觉和听觉的多重震撼。难怪美国作家苏珊·桑塔格（Susan Sontag）在《流动的瓦格纳》一文中写道："人们听瓦格纳的歌剧有类似于服用精神类药剂的效果：波德莱尔说像鸦片；尼采说像酒精。"当巴黎人醉心于洛可可风格的靡靡之音时，《黎恩济》已经成为歌剧中的"恶之花"了。

《黎恩济》的首演插图，1842年

Schnorr von Carolsfeld

# 施诺尔·冯·卡罗斯菲尔德

苏珊·桑塔格的文集《重点所在》中，关于施诺尔·冯·卡罗斯菲尔德，有段文字如是描述：

1865 年，当第一个扮演特里斯坦的男高音歌手施诺尔·冯·卡罗斯菲尔德在慕尼黑的第一场演出后病倒时，他和瓦格纳都担心他是因为扮演角色时那前所未有的殚精竭虑和强度所造成的；而在几个星期后，施诺尔·冯·卡罗斯菲尔德出人意料地死去时，瓦格纳（不仅仅是瓦格纳）觉得是歌剧害死了他。

就上述文字看来，苏珊·桑塔格似有夸大歌剧作品（《特里斯坦和伊索尔德》）中导致情感淹没与命运毁灭的因素之嫌疑。她认为，演出该部作品，对演员意味着一种极端的体验。

施诺尔·冯·卡罗斯菲尔德生活的年代无录音设备，世人无法领教他胸腔里那股奔腾而出的雄浑之音。卡罗斯菲尔德身形魁梧，浓密的胡髭和虬曲的头发编织成一片"黑森林"，真像个李逵。

他的父亲是德国历史上颇有名气的画家尤利斯·卡罗斯菲尔德，属于拿撒勒流派（Nazarenes），作品多是有关基督教的虔诚和感化的故事。卡罗斯菲尔德早年学画于维也纳，曾游学罗马，中年以后在德累斯顿绘画学校教授绘画，这是个体面的工作，收入颇丰。按家学渊源，本应子承父业，可是他更爱音乐，便一头扎进音乐的圣殿。

从莱比锡音乐学院毕业后，他一直在德累斯顿和慕尼黑宫廷歌剧院担任男高音，主要演唱卡尔·韦伯的作品《自由射手》和贝里尼的《诺玛》。1854年，在卡尔斯鲁厄（属于巴登－符腾堡州）歌剧院，认识了比他年长10岁的马尔维娜·加里古思（Malvina Garrigues）。当时他们正投入地排练梅耶贝尔的歌剧《胡格诺教徒》。很快，两人情投意合，六年后缔结连理。

1862年的一次机会，夫妻两人在威斯巴登旅游，行程中结识了瓦格纳，瓦格纳随即请卡罗斯菲尔德试唱《特里斯坦和伊索尔德》中的一段。瓦格纳惊叹于卡罗斯菲尔德的演唱才能，遂邀请他们夫妻为《特里斯坦和伊索尔德》的首演担任主角。1865年在慕尼黑首演该剧后，卡罗斯菲尔德突然辞世，那一年，他才29岁。关于他的死因，至今是个谜。

自他离世近百年后，施诺尔·冯·卡罗斯菲尔德这个名字出现在大文豪托马斯·曼1951年1月16日的日记中，文字如下：

傍晚落雨。与爱伊卡喝咖啡。我们聊了路德维希（巴伐利亚国君路德维希二世）和瓦格纳在慕尼黑的往事。路德维希天生敏感，世人皆知。瓦格纳特立独行，历经冷雨凄风。施诺尔·冯·卡罗斯菲尔德完美演绎了《特里斯坦和伊索尔德》。首演后，两人间（路德维希与瓦格纳）有段歇斯底里的纠葛。路德维希在拜罗伊特。惊慌和逃跑……

　　卡罗斯菲尔德去世的时候，托马斯·曼还未出生，前者却在后者的日记中占据了难得的一笔。卡罗斯菲尔德的一生就像这一笔文字，太过短暂，太过匆忙了。

卡罗斯菲尔德夫妇

Siegfried Wagner

## 齐格弗里德·瓦格纳

齐格弗里德是科西玛与瓦格纳所生，独子，小名斐迪（Fidi）。他的五官中，鼻子像母亲，而母亲的鼻子遗传了其父李斯特的形貌。他的眼形似父亲瓦格纳，神态却显得懦弱和萎缩，缺少其父的坚定、自信和目空一切。

说齐格弗里德是在蜜罐里长大的，一点儿不过分。他降生时，瓦格纳已是鼎鼎大名的作曲家，家庭生活虽然谈不上钟鸣鼎食，但至少衣食无忧。时常有王公巨贾和文人雅士聚集于瓦氏别墅，吟诗弄月，谈笑风生。小齐格弗里德在一旁观瞻，耳濡目染，自然受了不少熏陶。尼采还曾建议瓦格纳将齐格弗里德送到巴塞尔，由尼采担当启蒙老师。这倒像北静王谏言贾政，"宝玉龙驹凤雏，将来雏凤清于老凤声。令郎在家难免饱受溺爱，荒了学业，不如常到寒舍，见高人聚谈，则学问日进矣"。

齐格弗里德这个名字在德国家喻户晓，因为他是史诗《尼伯龙根的指环》中的主角。史诗中他英俊潇洒，孔武有力，似朝阳一般，给人以希望之感。难怪海涅在诗歌《德国》中，将年轻的德国比喻成齐格弗里德。

德国眼下还是个小孩，
可是有太阳做他的保姆，
太阳不喂他甜淡的奶水，
而是用烈火把他哺育。

吃烈火的孩子长得特快，
浑身上下还热血沸腾，
你们邻家小孩可得当心，
千万别和他斗勇争胜。

他手粗脚重块头儿大，
连橡树都能连根拔，
小心他打断你们脊梁骨，
砸碎你们的小脑瓜。

他像高贵的齐格弗里德，
勇士的事迹世代相传；
一当他锻成自己的宝剑，
就会把铁砧一劈两半。

是的，你将像齐格弗里德
把那条丑恶的凶龙杀掉，

哈哈，你的保姆太阳
也会在空中高兴得大笑！

是的，你将杀死它，并占有
帝国的巨大的宝藏。
嘿嘿，到那时你头上的金冠
会无比的灿烂辉煌！

为迎接这个宝贝儿子降生，在齐格弗里德出生前夕，瓦格纳创作了《齐格弗里德牧歌》(*Siegfried Idyll*)。瓦格纳其他的子嗣，均未享受到这份难得的父爱。齐格弗里德有四个姐姐，两个姐姐是科西玛与比洛所生，名叫达尼拉和布拉狄内，另外两个姐姐是科西玛与瓦格纳所生，名叫爱娃和伊索尔德。

望子成龙，是天下父母心。关于齐格弗里德的教育和未来发展，夫妇二人曾有段对话，科西玛于1873年6月8日记录如下：

我们谈到Fidi（齐格弗里德）的未来。我希望他成为一个卓越的外科医生，能够扬名德国。瓦格纳对此似乎有些惊讶，他认为外科医生会把孩子吓到。他倒希望Fidi先学高地德语（古代德语），后学希腊文，务必精通，再学拉丁文、意大利文，再修西班牙文。

旁人看来，瓦格纳让儿子学这么多语言干啥？相比之下，科西玛的想法倒是有的放矢，目标明确。不过，事情的发展总是不以人的意志为转移的。

俗语说，手指还有长短，更别说父爱。瓦格纳喜欢儿子，是当然的。瓦格纳将拜罗伊特剧院的指挥棒交给科西玛，科西玛再移交给齐格弗里德。其实，伊索尔德是瓦格纳的三女儿（瓦格纳与科西玛同居时所生），其夫弗朗兹·飞利浦·巴德勒（Franz Fhilipp Beidler）是位了不起的指挥家，曾经在拜罗伊特剧院指挥过《尼伯龙根的指环》和《帕西法尔》。伊索尔德和她的丈夫曾经向科西玛争取过拜罗伊特剧院的指挥权，被科西玛当场拒绝。她给出的原因是伊索尔德不是瓦格纳的女儿。伊索尔德向法院起诉其母，最终，法院判伊索尔德败诉，理由是伊索尔德出生时，科西玛和瓦格纳还没有结婚。事实是，在伊索尔德出生前，科西玛和瓦格纳已在慕尼黑有过秘密约会。现在看来，这是一场带有历史烙印的判决，当初如有 DNA 技术，一切都会清清楚楚、明明白白。

齐格弗里德在音乐上也只是三脚猫的功夫。父亲去世后，他遵循爱好，学习建筑，后又转学音乐。在拜罗伊特剧院，他指挥过父亲的几部歌剧。1908 年，科西玛将拜罗伊特的指挥权交给齐格弗里德；后来一战的硝烟中断了拜罗伊特的音乐生活。1924 年，剧院工作恢复正常，齐格弗里德继续指挥其父的作品，反响平平。1930年4月，科西玛去世，仅仅3个月后，齐格弗里德追随母亲的步伐而去，死因是心脏感染。此后，拜罗伊特剧院由齐格弗里德的妻子维尼弗瑞德·金德沃斯（Winifried Kindwoth）管理。1930年，德国纳粹上台，希特勒成为拜罗伊特剧院的座上宾。缺乏夫爱的维尼弗瑞德，特别欣赏一身戎装的希特勒，觉得他男人气十足，有一种"标准的英雄范儿"，并让自己的孩子亲切地称呼希特勒为"狼叔叔"。

娶维尼弗瑞德时，齐格弗里德已45岁，而维尼弗瑞德才17岁。在他们结婚前，科西玛察觉齐格弗里德的性取向有些问题，加之在1907—1909年间，德国上流社会的"哈登·奥伊伦堡事件"（Harden-Eulenburg Affair，名流间的同性恋事情）闹得沸沸扬扬，科西玛便果断为齐格弗里德找了个媳妇，而这个媳妇还是英国人。15年的婚姻，他们生育了4个孩子。据齐格弗里德的传记者彼德·帕赫（Peter Pachl）称，齐格弗里德还有一个私生子，不过这尚处争论中。

在大人眼里，齐格弗里德是个乖巧、内向的孩子。在其孩童时期的照片中，他时而依偎在姐姐身旁，时而又温顺地坐在瓦格纳身边，像个没有脾气的孩子。即使他成年后的照片，依旧保持着童年的气息：目光低垂，面带微笑地看着椅子上年迈的母亲。科西玛和瓦格纳年轻时有张合照，瓦格纳身着燕尾服，目光沉郁，深情凝视着椅子上的科西玛；科西玛仰望瓦格纳，像孩童仰望天空的繁星，痴迷的眼神中，却找不出半点关于星星的知识。她紧握瓦格纳的手，暗示此生追随他；瓦格纳手扶椅背，呵护他的女人。当其父与科西玛的照片和他与母亲的照片并置时，齐格弗里德不免会陷入时空的重叠、角色的转换之中，大有"恍若隔世"之感吧。

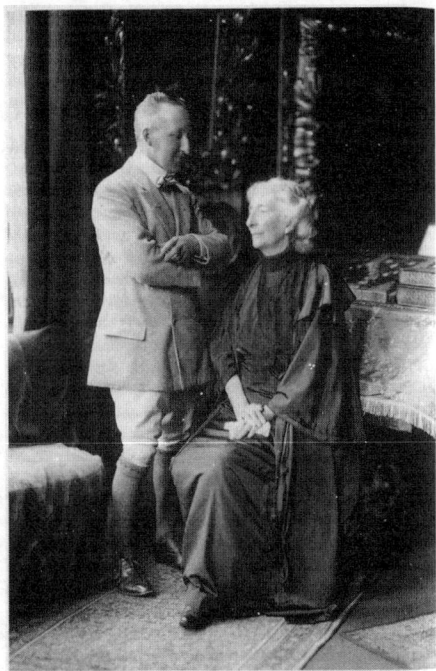

齐格弗里德与母亲科西玛，1906年

# T

*Tannhäuser*
## 《唐豪瑟》

　　《唐豪瑟》是瓦格纳创作较早的一部歌剧，唐豪瑟是剧中男主角的名字。瓦格纳在而立之年，写出了《唐豪瑟》，可谓年轻气盛，火力十足。

　　18世纪的德国，歌德、席勒掀开浪漫主义文学的大幕，德国人称之为"狂飙突进时代"。这一时期的文学艺术，注重表现人性中的感官享受，耽于刻画爱恨情仇。唐豪瑟这个人物最初来源于德国作家路德维希·贝黑斯太因（Ludwig Bechstein）编著的《图林根州的宝贵传说》(*Sagenschatz des Thüringer Landes*)，1836年，海涅对这个故事加以改编并形成诗歌《唐豪瑟，一个传说》，后来这首诗被收入到《新诗集》中。在一本叫《沙龙》的杂志中，瓦格纳读到海涅的这首诗歌，对它倍感兴趣。

　　1842年3月，瓦格纳携妻子米娜离开巴黎，前往德累斯顿。在巴黎，梧桐树枝叶繁茂，透露出旺盛的生命力，塞纳河边的微风，叫人心醉；而德国的春天晚点了，到处仍是萧瑟的风景，枯树、寒鸦、冷雨、凄风。瓦格纳顿生"人生天地间，忽如远行客"之慨。他想到一年前在挪威的峡湾里，聆听水手哼的号子，再一次把自己当成漂泊的荷兰人。在瓦格纳的自传《我的生平》中，他写道："见到瓦尔特堡，蓝天下，灿烂的艳阳使我恢复了信心和希望。远远看去，瓦尔特堡下面的山脊，雄伟震撼。"瓦尔特堡在今天的图林根州，如今是一座历史遗迹。瓦尔特堡也是唐豪瑟故事发生的所在地。

　　唐豪瑟的职业是吟游诗人，跑东闯西，手上少不了一把竖琴。在中世纪欧洲，这或许是个不错的活法，附庸风雅，还能解决一日三餐；如果活在当下，那估计得去要饭了。唐豪瑟除了有动听的嗓音外，或许还有一副健壮的身板儿，胸肌、腹肌、肱二头肌生得结结实实，像个运动员。清晰的面庞、刚毅的表情下却隐藏着骨子里脆弱和犹豫的性格。

　　事实证明，纵然是面对貂蝉、西施似的美人，男人也有厌倦的时候。当沉沦在肉欲中不能自拔的唐豪瑟喊出"圣母玛利亚救救我吧"时，维纳斯堡像一团朦胧雾气，烟消云散。唐豪瑟重新回到人间，大自然中的一草一木、花鸟虫鱼唤醒唐豪瑟的理智和真善。听说瓦尔特堡的歌咏比赛的组织者是美丽善良的伊丽莎白小姐，他决定一试。当别的歌手唱着陈腐过时、暮气沉沉的爱歌时，唐豪瑟本能地唱起维纳斯赞歌，其中不无对维纳斯身体的溢美之词。当然，他遭到大家的口诛笔伐，大家发誓要将他送到教皇那儿受罚。关键时刻，伊丽莎白挺身保护唐豪瑟。不知道唐豪瑟身上有怎样的魅力和气质，让纯洁的伊丽莎白甘愿冒着名誉扫地的危险也要保护这个放荡不羁的吟游诗人。

人类在大灾难前束手无策时，都会求助上帝或菩萨，祈求化解困局。"上帝，饶恕我吧!""菩萨，保佑我吧!"唐豪瑟也不例外，可是教皇用了句无厘头的话回答了唐豪瑟的祈求——等我的手杖长出花来，即可宽恕你。手杖开花，万年等一回。这还是等于判了唐豪瑟死刑。伊丽莎白为唐豪瑟祈祷，悲伤过度，终至香消玉殒，没有等到唐豪瑟的归来。在得知伊丽莎白去世的消息后，绝望中的唐豪瑟走投无路，又鬼使神差地向维纳斯堡走去。最终，还是他大喊了一声"伊丽莎白"，才让教皇手杖开花，于是，唐豪瑟得到救赎。

灵与肉，是古老又现代的哲学命题，每个人都有自己的判断与思考。海涅和瓦格纳都生活在欧洲资产阶级革命运动时期，两位大师都被唐豪瑟的命运吸引，自身也困于这个问题。最终，唐豪瑟从堕落的维纳斯堡走了出来，实现了自我的救赎。瓦格纳给卡尔·盖拉德（Karl Gaillard）的信里有这样的内容："我赠你我的唐豪瑟，他是彻彻底底从头到脚的德国人。请收下这份礼物，这个剧本堪称完美，增之一分则太长，减之一分则太短；著粉则太白，施朱则太赤。我仿佛在自己身上感受到唐豪瑟的呼吸，这炙热的呼吸让我颤动……"

男女主角一死一活，这不符合现如今好莱坞电影剧本的设计要求。有情人终成眷属，才是21世纪饮食男女乐于接受的结局。但是在19世纪的欧洲，悲剧是人类迈向新世纪的最后一道"圣餐"，唯有悲情的结尾才能让人铭记"深刻"的内涵，并从中获得启示；唯有悲剧才能营造自由的空间，从而激发人的创造力；唯有悲剧方能使人更加清醒地面对明天，从而做出正确的判断。

Theodor Uhlig

## 泰奥多尔·乌利希

泰奥多尔·乌利希是瓦格纳年轻时代的好友，音乐家、作曲家兼出版人。可惜，命运不济，天妒英才，他三十出头时就早早结束了一生。

乌利希是地地道道的德累斯顿人。瓦格纳1842年来德累斯顿，在宫廷歌剧院担任指挥期间，指挥了《黎恩济》。一开始，乌利希与瓦格纳的许多观点相悖；不过，两人胸怀坦荡，畅所欲言后，发现彼此情趣相投，遂成挚友。

瓦格纳流亡苏黎世期间，常和乌利希雁去鱼来，他们之间据说有多达100封的信件，但是多数已经无迹可寻，实乃可惜。在1851年，瓦格纳就《尼伯龙根的指环》的创作与乌利希交流。在信里，瓦格纳认为革命让自己成为艺术家，同时革命也把自己变成听众……听众最终会理解他的艺术。瓦格纳比乌利希年长9岁，二人关系堪比桃园结义，大有"不求同年同月同日生，但求同年同月同日死"之意。乌利希和瓦格纳一样，都厌恶犹太人。乌利希曾经撰文痛批梅耶贝尔的歌剧艺术，称他的大歌剧流着希伯来人的语气。可能正是乌利希的文章激发了瓦格纳，促使他写就《音乐中的犹太性》。

1853年，乌利希来苏黎世，两人复相见。乌利希豪爽之气，不减昔时。可惜，乌利希肺痨病发，一病不起，殁于苏黎世。他留下了18部未刊印音乐作品，包括交响曲、歌剧、钢琴曲和室内乐等。在乌利希走后，瓦格纳继续沿着自己的理想之路前行。乌多·贝尔巴赫在《理查德·瓦格纳在德国》中写到瓦格纳评价乌利希："他时常感慨：朋友相交，遍布天下，但知他心者，唯有乌氏。"

Tod

# 死亡

人生自古谁无死？英雄不畏死。

瓦格纳的歌剧中，除《纽伦堡的名歌手》中的主人公没有死亡，其他作品都是与"死亡"紧密相连的。他像阎王操持着杀伐大权，判人于阴阳二界。

1839年为躲避债务，瓦格纳带着米娜在英吉利海峡的波涛汹涌中九死一生。德累斯顿革命失败，他四处逃窜，又躲过一劫。古人云：大难不死，必有后福。瓦格纳的一生恰好印证了这句名言。瓦格纳不畏死亡。科西玛曾于日记中，记录瓦格纳与孩子的一段话：早餐，瓦格纳对孩子说，他年轻时，不知天高地厚，一心想的是闹革命，骑马打仗，而且要战死疆场，马革裹尸，那才是壮烈。

对于死刑，瓦格纳深恶痛绝。科西玛1879年8月7日有记录：

晚间，聊到死刑，瓦格纳认为此乃非人性也，这是当权者掩埋真相的手法，是社会阴暗之表现。

瓦格纳年轻时的兄弟，如巴枯宁、森佩尔，也包括他自己，皆为无政府主义斗士，并曾遭死刑通缉。想必瓦格纳深有感触，认为死刑是对英雄的报复，外人不能体验死刑这一手段的卑劣。

瓦格纳的死因是心脏病，估计就是心肌梗死。心脏不适对于瓦格纳来说，不是死亡前才发作。科西玛于1879年7月30日有相关记录：

> 美丽的一天开始了。鉴于健康考虑，瓦格纳喝了一杯Rakoczy。大概，昨日他步行过量，他再次感到心口窒息。他说自己气力不足，心口难受。

从这个时间推断，至少在瓦格纳去世前四年，他的心脏就有问题了。

翻阅科西玛14年的日记，几乎未见瓦格纳有特别的锻炼习惯，除了饭后散步，就是和孩子们偶尔玩点牌而已。闲云野鹤，可以无案牍之劳形，而瓦格纳太忙、太累了。不过，爱锻炼是常人的习惯，瓦格纳不考虑身体。

对于科西玛来说，2月中的12日和13日一定令她难忘，因为瓦格纳于1883年的2月13日死于威尼斯；她的前夫比洛则于1894年2月12日殁于开罗。

难道，他们的死亡真有上天的安排？

1930年，科西玛漫长的一生终于画上了句号；她的儿子齐格弗里德也是死于当年。瓦格纳死于心脏病，齐格弗里德死亡的病因是心脏感染，都与心脏有关。

瓦格纳的早期作品《唐豪瑟》到《尼伯龙根的指环》中皆有明确的主旨：纯洁与邪淫、高尚与卑鄙的二元对立。虽然歌剧中的人物都有各自的结局，但现实生活中这些二元对立的矛盾天天存在，直到生命停息时，人的内心才能真正得到安宁。《斐多》中，苏格拉底云："人死了，非要到死，灵魂不带着肉体了，灵魂才是灵魂。"

*Tristan und Isolde*

## 《特里斯坦和伊索尔德》

1855年的苏黎世，除了蓝天更蓝，晚霞也更绚烂而多情。瓦格纳寄居苏黎世爱恩区的维森东克别墅，这里的生活重新点燃他创作《特里斯坦和伊索尔德》的欲望。

德累斯顿革命失败，瓦格纳经历了短暂的迷茫后，恢复了热情与斗志。他知道自己不是巴枯宁也不是蒲鲁东，闹革命不是他的主业。一天晚餐前，瓦格纳像往常一样，独自漫步至苏黎世湖边，观落霞与孤鹜齐飞，远处群山如黛，莽莽苍苍。他细心回味白天的创作，"女武神"的细节历历在目。可是他总不能集中自己的注意力，一个美人的面孔总是将意志一一化解。这个美人就是玛蒂尔德，她是瓦格纳房东的妻子，也是瓦格纳艺术的资助人之一。

瓦格纳又一次陷入爱的危机之中。关于他们之间的绯闻，玛蒂尔德的丈夫奥托早有所闻，但一直冷静克制着自己的情绪。瓦格纳的妻子米娜从来没有点燃过其夫的创作热情，而玛蒂尔德身上所具有的古雅的冷峻和婉约，令狂躁不羁的瓦格纳为之沉醉。玛蒂尔德就是他需要的缪斯。

为了表达对玛蒂尔德的爱慕之情，瓦格纳为其创作了5

首歌曲，旋律隽永，爱意朦胧。瓦格纳在哲学的高度上接受了叔本华的思想——欲望是痛苦的根源，只有将全部欲望抛弃，才能获得永生。在瓦格纳心里，玛蒂尔德就是伊索尔德，自己就是特里斯坦，奥托就是马克国王。就这样，瓦格纳悄悄地给这位缪斯写信，表达内心对她的思慕和眷恋。然而世间没有不透风的墙。瓦格纳的妻子米娜截获了瓦格纳写给玛蒂尔德的一封信，事情就此败露，瓦格纳和玛蒂尔德之间的情爱只得终断。或许，内在的力量正是来自现实的"阻挠"，这进一步激起瓦格纳创作《特里斯坦和伊索尔德》的决心。

1855年，瓦格纳受聘担任伦敦交响乐团的指挥，频繁穿梭于欧洲各大城市，与汉斯·比洛、柏辽兹、卡尔淘辛、卡尔克林沃斯、玛尔维达·冯·梅森堡，还有李斯特等音乐家广泛交流。在一系列历史文化、人生阅历、作曲乐理知识的铺陈下，瓦格纳向着生命中艺术创作的高峰——《特里斯坦和伊索尔德》踽踽独行。

如果说《黎恩济》和《飞翔的荷兰人》表达的是资产阶级的革命理想——砸碎旧规则，建立新世界，那么《特里斯坦和伊索尔德》就在形而上学的层面将歌剧创作提升到前所未有的高度——面对欲望和困境，唯有像特里斯坦与伊索尔德那样沉入无知无觉的死亡中，才是幸福，而像马克国王那样，活在人世，实属苟且，乃是最大的不幸。

尼采对《特里斯坦和伊索尔德》一剧极为赞赏，他曾经写下这样的评论："……对于那些还未病入膏肓的人，他们无视地狱中的欢乐，挣扎在人世间。"瓦格纳也曾经这样说过："这部歌剧充满了最强烈的生命力，愿飘扬的黑旗裹挟着自己，坠入无底深渊。"

# U

*Undine*
## 《温蒂妮》(水妖)

　　《温蒂妮》是一部由德国作家霍夫曼创作的魔幻歌剧,它的创作源于德国作家穆特·富凯 (Motte Fouqué) 的小说《水妖》(*Undine*)。如今的人们认为霍夫曼的诗歌成就高于其作曲的成就。英国拉斐尔前派的干将约翰·威廉姆曾经绘有一幅油画《温蒂妮》。温蒂妮是指貌美年轻的女神,这个人物来源于希腊神话,属于半人半神。生来没有灵魂的温蒂妮,需与凡人完婚,生育子嗣,从而获得自己的灵魂。

　　小说《温蒂妮》的故事源自中世纪传说。中世纪欧洲炼金术士帕拉塞尔苏斯在其炼金术理论中提到"水"元素名称"蒂妮"。温蒂妮是水中的女性精灵,又或是女神,是一切水的主宰。她们出没于山林湖泊、流泉瀑布,拥有甜美的嗓音。在一些欧洲民间传说中,如果温蒂妮不能与一名凡人男子结缘的话,就无法获得实质的灵魂。可是,如果跟温蒂妮结合的男性出现外遇,背叛了温蒂妮,温蒂妮便会杀死她的丈夫,再次回到水中生活。如果温蒂妮的丈夫在水边责骂温蒂妮的话,她亦会因为伤心害怕而跳回水中,从此消失。可是,回归水中的温蒂妮亦会失去由婚姻所赋予的灵魂。浪漫主义文学作家常选取温蒂妮作为小说作品的创作原型。在18世纪的苏格兰，温蒂妮亦曾被视为"水灵"或"水妖"，指水中的鬼魂，但她们并不像一般的水妖那样可怕。

富凯于1811年在其主办的杂志《年代》（*Jahrzeit*）上，先刊登《温蒂妮》故事结构，数年后成书。歌剧《温蒂妮》则于1816年8月13日在柏林皇家歌剧院首演。这部歌剧是霍夫曼一生中最为成功的歌剧作品，同时它也吹响了德国浪漫歌剧的号角。作曲家卡尔·韦伯曾极力褒赞其美学价值和时代精神。

瓦格纳创作《飞翔的荷兰人》时，已对霍夫曼的《温蒂妮》有了相当深入的了解。瓦格纳喜欢凡人与精灵间的爱情故事，醉心于他们的恩怨纠葛。这种夹杂了尘世和仙界之间的爱欲与毁灭，也是瓦格纳悲剧创作的一大特点。在瓦格纳去世前的几年中，瓦格纳和科西玛常会拾起《温蒂妮》，深情朗读，如牛郎与织女一般，神游于九天之外，逍遥于凌霄幻境之中，不觉忘却了尘世的羁绊。在小说《温蒂妮》的第八章，温蒂妮自白身世：

在大千世界中，有的生灵有和你们几乎一样的外表，只是很少让你们看见。在火焰中，蝾螈闪闪发光，相互嬉戏；在深深的地下住着干瘪而诡谲的小人精；属于大气的林中居民在森林中游荡；而在湖泊、江河和溪流中，女妖则繁衍着它们的族类。在仙乐和鸣的水晶苍穹上安家是再妙不过的事，满布日月星辰的天空就是通过它来观察那个世界；高大的刺桐树结满蓝红两色的累累硕果，在园子里发出夺目的光彩，在一尘不染的海滩上漫步，脚下踏着五彩斑斓的贝壳；可以说那个世界是美好的。它所拥有的已不为当前这个世界所欣赏；潮水以其隐形的银色纱幕将尘世和水界隔开；潮水下面是名贵的石碑，闪耀着光辉，高大又庄严；水流与它们嬉戏，在水流的诱惑下，石碑冒出苔藓花，爬出一簇簇芦根，它们盘绕于石碑身上。生活在那里的居民一个个都较可爱，大都比人类美丽。有的渔人最爱窥视柔美的女妖，看水妖如何出没于潮水之中，听水妖迷人的歌声，继而便将所见所闻转述他人。这些奇妙的女性被人称为温蒂妮，现在你瞧，我就是一个真正的温蒂妮，亲爱的朋友。

如今看来，《温蒂妮》小说吸引瓦格纳夫妇，应该视为理所当然。当瓦格纳与科西玛在瑞士特里布辛隐居时，前临湖泊，背靠森林，晴日里，万里无云；雨季来临，则暴雨如注。这样的环境不正吻合《温蒂妮》中的场景吗？或许，瓦格纳借骑士胡尔德伯兰特（Huldbrand）暂时获得一种坚定的信念：在包围着我们的洪流彼岸外，似乎再没有别的世界了，我们永远不会到彼岸与他人会合。不过，最终，瓦格纳和科西玛还是要走出这个被洪流彼岸所孤立的世界，迎接旭日朝阳和鲜花掌声。

# V

Venedig
## 威尼斯


威尼斯，令人神魂颠倒，而又让人充满了猜疑——这个城市一半是神话，一半是陷阱；在它污浊的气氛中，曾一度盛开艺术之花，而音乐家在此获得灵感，奏出令人销魂的旋律。

——托马斯·曼《威尼斯之死》


威尼斯在欧洲人眼里显得别样而多姿多彩。它占据亚得里亚海的独特位置，南来北往的船只在此停靠，东西方文明交汇于此。自意大利文艺复兴以来，这里有妩媚的高级妓女、大公伯爵、烟草、古典艺术、巴洛克式建筑以及各类来自东方的奇珍异宝……这些构成一幅琳琅满目的彩色画卷。马可·波罗从威尼斯开始了他遥远的东方旅行；文艺复兴时期的学者卡萨瓦诺在威尼斯冒险地寻找性刺激的游戏；帕拉第奥，这位伟大的建筑师撰写的《建筑四书》系统全面地简化了自古希腊以来的建筑，他也是生活在威尼斯……还有数不清的事件、人物和著作因为和威尼斯有着千丝万缕的关联而备受瞩目。

瓦格纳一生数次来过威尼斯。年轻时，他似游侠，来这里寻找刺激；晚年，科西玛与他携手而来，疗养度假，亚得里亚海的微风可以舒缓疲惫的身体。

在1882年年末，科西玛陪同瓦格纳来威尼斯疗养。这次来了，他就未能再活着回到德国。短短几个月，他经历了欢乐还有痛苦。在科西玛写的日记第二卷（Die Tage Bücher2 1878—1883）里记载了1882年11月24日的下午及晚间生活片段：

饭后，我们逛玛库斯广场。直到夕阳落幕，瓦格纳才意识到该回家了。晚7点，爸爸（大音乐家李斯特——作者注）为我和瓦格纳弹奏了舒伯特的《E大调奏鸣曲》。之后，我们打牌了。瓦格纳弹了一曲《波罗乃兹主题曲》（1882年瓦格纳与科西玛在意大利巴勒莫度假，途中写就并献给科西玛——作者注）。爸爸听得很认真并给了很高的赞誉。看得出爸爸很享受这段音乐。

年龄上李斯特只比瓦格纳大3岁，可是伦理上，瓦格纳得叫李斯特爸爸，尽管瓦格纳和李斯特年轻时是挚友，皆胸怀吞吐天地之志。革命失败后，李斯特接济过瓦格纳，并四处演奏瓦格纳的作品。这样一段日记让人读了之后好生羡慕，19世纪的家庭中竟蕴有如此美妙的夜晚：夜漆黑寂静，橘色的烛光映衬黢黑的苍穹，琴声幽婉，久久不散。想不到音乐竟有如此的魔力，能将孤寂凄清的夜晚渲染得如此迷人而难忘。这让生活在电子时代的人们，愈加感觉旧时光阴是那样安静和美好。

在威尼斯，瓦格纳还有一个爱好，就是去公共浴场泡澡。在1882年11月7日，科西玛写道："下午1点，我们去浴场。瓦格纳对于威尼斯非常喜欢。他向我指着浴场边上一处教堂的柱子和窗上的雕塑。他认为威尼斯真是一处具备南方气质的城市，而巴勒莫倒是有点像德国某个城市，那不勒斯却有着非洲性格……"

在威尼斯，瓦格纳享受着人生最后的美好时光，旖旎的风景和东方美食使他沉醉，但心脏的毛病经常困扰他。科西玛于1883年的2月7日记录如下：

在去米歇尔教堂的路上，瓦格纳感到胸闷，我即刻带他回家，在餐桌前，瓦格纳目光无助，身体被一股力量压得喘不过气来。下午5点，瓦格纳早早地躺到床上。我和瓦格纳聊了关于福音书的内容。

在去世前两天，瓦格纳的精神极其萎靡，夜里梦见妈妈还有女高音德弗里恩特（见词条）。瓦格纳对科西玛说："身边的女人们，都弃我而去。在一栋古旧的巴洛克风格的建筑中，我和妈妈相遇，她风姿绰约，妩媚极了，但是她远远地看着我，沉默无言。我感到沮丧和悲观。"或许，瓦格纳隐隐约约预感到：几天后，他也将跟随妈妈，跟随德弗里恩特、多姆（柏林的翻译家）的脚步，离开他所倾注一生心血的歌剧事业。这对瓦格纳来说太过无奈了。

在瓦格纳去世28年后，一部名为《威尼斯之死》(*Der Tod in Venedig*) 的中篇小说在德国出版，其作者是大作家托马斯·曼。小说的主人公古斯塔夫·阿申巴赫是位显赫的作家，他来威尼斯度假，偶遇波兰金发少年塔其奥。故事随即在他们之间展开。阿申巴赫困扰于一个问题：美到底是受感官刺激而生，还是发自内心？最终，阿申巴赫病死于威尼斯海滩。托马斯·曼对阿申巴赫的外貌有这样的描写："黑头发，不留胡须。与纤弱的身材相比，他的脑袋显得有点大。他的头发向后梳，分开处比较稀疏，只有鬓角处的头发浓密苍白，露出了皱纹密布、疤痕累累的高额头。"无疑，这里的阿申巴赫的原型酷似瓦格纳。对此，德国学者亚历山大·巴斯特克（Alexander Bastek）的观点异于本人的观点，他认为托马斯·曼在小说里塑造的原型应该是瓦格纳音乐的接班人——古斯塔夫·马勒。

如今，瓦格纳和阿申巴赫，像其他词语一样，皆已成为威尼斯的一个又一个注脚。

# W

Wagner Schule

**瓦格纳学派**

Herman Levi

赫尔曼·列维

赫尔曼·列维，一个才华横溢的指挥家。他在瓦格纳生命后期，担任拜罗伊特剧院的音乐指挥。瓦格纳高度认可列维精湛的指挥水平。不过，列维出生于犹太家庭，这给他和瓦格纳以及瓦格纳家族的关系埋设了一道不可逾越的鸿沟。

列维的家境富裕，其母亲的家族是曼海姆有名的烟草商，而且母亲的叔叔是曼海姆的银行家。列维从小衣食无忧，6岁开始接受音乐教育，老师是皇家歌剧院的音乐家。作为犹太人的后代，列维继承了父母的聪明和内秀的品性，对音乐的理解和控制，也自成一格。在音乐上，他是早熟的。在25岁时，他已指挥瓦格纳的作品《罗恩格林》和《纽伦堡的名歌手》。

1882年，41岁的列维辞去慕尼黑宫廷乐队指挥的职务，开始与瓦格纳一家合作。在此之前，瓦格纳对列维早有所闻。在拜罗伊特，列维作为音乐指挥，统领乐曲的排练，时常出入瓦格纳的别墅，和孩子们谈笑风生。由于瓦格纳和勃拉姆斯是死对头，所以虽然之前列维与勃拉姆斯关系密切，后来还是与勃拉姆斯断绝来往，而勃拉姆斯也无法理解此中的原因，他拒绝与列维说话，1878年后二人再也没有联系。

列维崇拜瓦格纳，而瓦格纳心里排挤列维，他认为自己的歌剧作品，怎么也不能让一个犹太人指挥，这实在是一种侮辱。不过，列维太优秀了，暂时找不到第二个合适人选来替代他。瓦格纳别无他法，就劝说列维转信基督教。对此，列维没有公然违抗，而是选择沉默，可能，这就是列维的性格。

瓦格纳去世后，科西玛统揽拜罗伊特剧院的一切事物，她迅速从丧夫之痛中振作起来。在反犹问题上，科西玛比瓦格纳来得明确和激进，她坚定地认为，只有聘用拥有日耳曼民族血统的指挥家，才能诠释瓦格纳的歌剧。就这样，列维很快就被剥夺了指挥权。在瓦格纳去世七年后，列维在郁闷中离开人世。

## Hans Richter
### 汉斯·里希特

汉斯·里希特是奥匈帝国时期的指挥家。圆圆的脑袋，一缕美髯，戴着一副金丝眼镜，像个没有脾气、和蔼可亲的伯伯。在一张里希特与瓦格纳的孩子们的照片中，里希特的

指挥家汉斯·里希特与瓦格纳的孩子们，1890年

双手与孩子们的手紧紧拽在一起。不难看出，他不仅对瓦格纳音乐充满热爱，而且爱屋及乌，也非常喜欢这一群孩子。

汉斯·里希特是拜罗伊特剧院的指挥家。里希特只比列维小4岁，他和列维共事多年，关系不错，里希特曾经做过列维的助手。里希特的父母皆有音乐背景，妈妈是歌唱家，爸爸是教堂的管风琴演奏家。妈妈在他4岁时就传授他钢琴知识，莫扎特也是这个年纪接受的音乐教育。16岁时，里希特求学于维也纳音乐学院。

1866年，23岁的里希特来到特里布辛，帮瓦格纳抄写歌谱，兼做日常杂务。他工作勤快，条理清晰，很快赢得瓦格纳的认可。里希特还有个特别之处，他几乎是个天生的音乐家，任何乐器，如钢琴、长号、双簧管、巴松、小号、小提琴，他皆能弹奏。

1876年，在拜罗伊特剧院，里希特完成《尼伯龙根的指环》的全套指挥。次年，他和瓦格纳一道访问伦敦。从此，他的事业横跨英吉利海峡。他被英国伯明翰音乐节邀请担任指挥；对于他所取得的成就，牛津大学和曼彻斯特大学颁给他荣誉博士头衔。从1904年至1911年，他被聘为伦敦交响乐团的指挥。

1878年后，瓦格纳对于里希特的指挥艺术水平有了新的看法，他认为里希特无法保持正确的节奏，显得拖沓。海峡对岸的名作家萧伯纳对里希特却赞誉有加。他认为："里希特不会像一个跳舞的野蛮人在打手势，而是进行诗性的创作。"除了萧伯纳，还有德彪西也高度肯定里希特的才华，他曾经赞誉："里希特是瓦格纳学派中最伟大的指挥家，旁人无法企及。"

生命最后的几年，里希特回到家乡维也纳，安度余生，死后葬于拜罗伊特。

Felix Weingartner
费利克斯·魏因加特纳

费利克斯·魏因加特纳相貌堂堂，蜷曲的头发蓬蓬松松，目光凝视远方，含蓄而又深沉。

他从小学习音乐，在成长的道路上，李斯特成为他的老师。几年后，李斯特推荐魏因加特纳到拜罗伊特去锻炼。1886年，魏因加特纳进入拜罗伊特剧院。他的钢琴技艺娴熟，弹奏时富于表现力，听者为之倾倒。他往钢琴边一坐，酷似老师李斯特。

首先对魏因加特纳怀有好感的不是科西玛，而是科西玛的小女儿爱娃。在爱娃的回忆录里，记述了魏因加特纳每天晚上都来到孩子们中间，聊天、打牌、弹奏动情旋律的场景。两人有时相约去镇上的咖啡馆闲聊，有时去郊外漫步。魏因加特纳的气质和才气深深吸引了爱娃，这段美妙的爱情应该是爱娃的初恋。

也是在1886年初，李斯特的身体极度虚弱，从卢森堡赶来拜罗伊特女儿这里。李斯特也无其他地方可去，他其他的儿子和女儿都已早早过世，李斯特白发送黑发，晚境凄凉。到了6月，李斯特气力衰竭，躺在床上奄奄一息。几天后，李斯特叫了声"瓦格纳"，便离开人世。魏因加特纳此时正在拜罗伊特，便与众人一道安排李斯特的后事。

魏因加特纳原本想在拜罗伊特剧院谋求一个自由指挥的工作，可惜科西玛并没有给他这个机会。据魏因加特纳的回忆录记载，当他向科西玛提及这个要求时，他看到黑面纱后面是科西玛冷若冰霜的眼神，科西玛回绝了他的要求。就这样，魏因加特纳怀着一腔热情而来，带着难以描述的苦涩而去，爱娃与他的恋情自然也就戛然而止了。

## Felix Mottl
## 费利克斯·莫特尔

费利克斯·莫特尔长着圆圆的脸，头发油光可鉴，嘴上一撇小胡子整修有致，两端弯弯翘起，酷似威尼斯小船贡多拉，金丝眼镜后藏着一双深谙世道的眼睛。

在德国作家奥利弗·希尔米斯的《山丘的女管家》书中，作者称莫特尔为拜罗伊特的幸运儿，是科西玛的大红人，科西玛赏识他，并高度信任他。莫特尔在音乐方面受维也纳布鲁克纳的熏陶，可谓师出名门。

一开始，他是时任拜罗伊特剧院指挥的里希特的学生，协助其排练《尼伯龙根的指环》。由于科西玛视犹太人为敌，自从她接手拜罗伊特剧院的事务后，便逐渐将剧院中的犹太人，借各种理由清退。而在这一点上，莫特尔竭力附和。不管是出于讨好科西玛，还是他自己真心反犹，他在对待犹太艺术家的问题上，是极不道德的。套用当今的话说：他需要向全体犹太艺术家道歉。

1903年后，莫特尔去美国纽约大都会歌剧院担任指挥家，常指挥《帕西法尔》。在1903到1904年间，他在大都会一共指挥了62场音乐会。不过，在美国从事指挥工作常让他感到困顿和无助。当时，大都会歌剧院的条件捉襟见肘，在指挥《莱茵黄金》时，他向歌剧院经理抱怨一位女高音的语言能力差。鉴于当时会德语的女高音很少，经理回他："你知，我知，但是观众不知啊。"加之诸多困难难以克服，莫特尔只能放弃美国的事业，回家乡发展。1907年莫特尔回到慕尼黑，之后再也没有去过美国。

鉴于莫特尔对音乐所做的贡献，他获得了王室授予的贵族头衔。1911年，在一个安静的夜晚，他卒于慕尼黑。同年，维也纳市政府在其下属的杜布林格镇，命名一条街为费利克斯·莫特尔街，以兹纪念这位指挥家。

## Wartburg
## 瓦尔特堡

德国有许多城市的名字以"burg"结尾，这一点就像我国的许多城市名中有个"州"字一样。古德语中的 burg 主要指规模较大、有防卫的居住区或避难城堡，但也普遍用来指城市。

关于城堡，读者有一系列的想象：除了富贵、权力、地位，当然还有阴谋、酷刑和杀戮等。中世纪，欧洲城邦林立，大小诸侯国各自为王，拥有自己的土地和货币，为保护各自的疆域，大兴土建，招募军队，遂城堡大规模出现。

瓦尔特堡位于德国图林根州的一处森林里，在神圣罗马帝国时期，专供国王走的道路途经此处，这条国王大道成了重要的商道。瓦尔特堡的名字派生自 Warte，意思是守卫者城堡（Wächterburg）。1067 年，路德维希·德·史宾格（Ludwig der Springer）建立了瓦尔特堡。

图林根侯爵赫尔曼一世（Hermann I）居于瓦尔特堡期间，大开吟社，文人雅士云集于此，瓦尔特堡迎来了它的如花岁月。赫尔曼一世苦心孤诣地将瓦尔特堡变成了艺术家聚集和文学创作的场所，富有传奇色彩的"唱歌比赛"（Sängerkrieg），堪比当下火热的歌唱节目。诗人们吟诵宫廷抒情诗或骑士恋歌，表达对高不可攀的城堡女主人的爱慕。另一个与瓦尔特堡有密切联系的人物，就是匈牙利公主伊丽莎白·冯·图林根（Elisabeth von Thüringen）。赫尔曼一世于1217去世后，路德维希四世（Ludwig IV）继位。1221年，伊丽莎白公主远嫁到图林根州，年仅14岁的伊丽莎白与路德维希四世联姻，居住在瓦尔特堡。她虽属于皇权显贵，但早年就对穷苦人民表现出极大同情，受到众多百姓的爱戴。她与丈夫建立了教会医院，收留穷苦人民，还亲自当护理人员。尽管伊丽莎白一生短暂，只活到21岁，但她不图奢华，谦卑禁欲，过着苦行的生活，过世后，她被教皇格雷格尔四世封为圣女，从此圣女伊丽莎白的美名流传至今。瓦尔特堡之所以名闻遐迩，与伊丽莎白公主的圣洁是不可分的。瓦格纳作品《唐豪瑟》里的原型之一正是她。

几百年光阴流转，这座绿荫环绕的城堡并未沉寂于历史长河中。它自诞生的那一刻起就注定要与文人骚客结缘，他们意气风发地从各自的时代中向瓦尔特堡走来。宗教改革倡导者马丁·路德在发布《95条论纲》后，为了躲避罗马天主教会的逮捕，隐居于瓦尔特堡的一间陋室中，将《圣经》从希腊文转译为德文，这成为德语发展史上一个重要的事件。两百多年后，歌德曾多次造访瓦尔特堡，并为其创作多幅铅笔草图。

　　从巴黎回德国的途中，瓦格纳路经此处，驻足仰望云霄深处的瓦尔特堡，掩埋在尘埃中的历史再次浮现于脑海。这里是歌剧《唐豪瑟》背景所在地。伊丽莎白是歌剧中的主角，她的圣洁与崇高在拯救了唐豪瑟后，也为瓦尔特堡罩上了一道圣洁的光环。唐豪瑟在瓦尔特堡得到救赎，朝圣者的灵魂在瓦尔特堡也会得到净化。

**Wasser**

# 水

水、血、疗伤的药膏、甘醇神水——流体在这神话中扮演着决定性的角色。

——苏珊·桑塔格

古典音乐是西方艺术中的精髓，自巴赫、莫扎特出现后，音乐就成为王公贵族所热衷并追捧的艺术。很多文学家、哲学家也参与其中，品音论乐，甚至也创作音乐。文人雅士在论述音乐家及作品时，往往能独辟蹊径，采得一片芳明之地。美国作家苏珊·桑塔格便是如此，其《论摄影》使她一炮走红于西方文坛。

在桑塔格文集《重点所在》中有篇文章《流动的瓦格纳》，阐述水对于瓦格纳歌剧的寓意。现照录文字如下：

瓦格纳的故事常常启航于一个水世界。始于水，止于水，这便框定出《飞翔的荷兰人》和《罗恩格林》的情节。《尼伯龙根的指环》从文字面上便始于水，始于莱茵河水面下（四部歌剧过后，以水与火的和谐二重奏收尾）。瓦格纳对于流动性最狂热的探寻——《特里斯坦和伊索尔德》，也以水上旅程作为开始和结束。

　　所谓"善哉乎，鼓琴！巍巍乎若太山；善哉乎，鼓琴！汤汤乎若流水"，这是先贤对于水与音乐、人与音乐的关系的最富神秘的描述。对于瓦格纳来说，"水"是神秘的源泉，是神话的诞生之所。

　　桑塔格并不是专门研究音乐的学者，她向来专注视觉文化与政治、兼及文学评论和小说创作。但她对瓦格纳的研究，别出心裁、剑走偏锋。这个发现恰恰是音乐理论家所忽视的。大概是女人似"水"的缘故，桑塔格从自身出发，破解了瓦格纳内心的密码。水对瓦格纳来说或许并不重要，而水引发的寓意，却透射出瓦格纳内心世界的支离破碎。中年后的瓦格纳深受叔本华悲观哲学影响，"死亡"成了表达欲望终极的哲学命题。"死亡"直指生命意义的虚无。

　　《特里斯坦和伊索尔德》中，因爱的无望与痛苦，内心迷乱、挣扎和死亡；《尼伯龙根的指环》中，神秘的指环引发对于权力的迷狂，最终一切化为乌有；《帕西法尔》中，颟顸愚钝的骑士最终成为圣杯的守护神。"水"成为这一系列故事中流动的布景，如镜折射出瓦格纳内心的悲观和苍凉。

　　桑塔格认为，瓦格纳故事的流体有几种，但生命离去时，只有一种形式：血。仅仅是男人身体中的血。女人的死不见流血，通常她们只是咽气而死，死得突然，或溺于水中，或葬身火海。男人才流血而死，死于剑和矛之下。

"急急流年，滔滔逝水。"桑塔格试图从瓦格纳的"流动之水"中，窥出他的隐喻。如《特里斯坦与伊索尔德》中，深受重伤的特里斯坦，独自乘一叶小舟前往爱尔兰，希望能得到伊索尔德的帮助。其结尾处，深受重伤的特里斯坦焦急地等待伊索尔德驾舟而来。这里的"水上之旅"的确承载着"救赎"的意思。同样，在《帕西法尔》中，"水"也有救赎的隐喻，帕西法尔在得知母亲死讯后昏厥，孔德用泉水使帕西法尔苏醒。

在歌剧中，瓦格纳把水的概念进一步放大，变成一个流体的概念：水、鲜血、酒精、毒液。当这些流体频繁在歌剧中出现，并与各色人物不停搅拌时，便如同催化剂一样，催生了一系列关于欲望、贪婪、毒辣、爱情、蒙昧、混沌、无畏、痛苦、可悲、荒诞的想象。

辛波斯卡有诗《在冥河上》，其云：

……
此刻，地狱，
也已超额订出——无法将它撑大。
一蹶不振的灵魂全都在死去，不能逃出，
禁止喝我瓶中最后半滴忘川之水。
别信仰来世，只有一味的怀疑，
才能让你少一点苦难，可怜的灵魂。

Wilhelm Heinse

## 威廉·海因泽

威廉·海因泽和歌德同属一个时代，他们年龄只相差3岁。对大多数不了解德国文学史的读者来说，前者是个陌生的名字。这就像对中国文学感兴趣的外国读者们，可能知道鲁迅，未必知道郁达夫为何人。

威廉·海因泽家学有渊源，其父亲是作家，母亲深谙艺术。他年轻时期，就读耶拿大学，略通绘画，苦读艺术史，尤爱温克尔曼的著作。因工作机缘，他与歌德有过一段交往，钦佩歌德的才华与品德。他与弗里德里希·克林格的友谊颇深，对其剧本《狂飙突进》给予了高度评价。该剧本的名字后来成为这一时期德国文艺思潮的代称。

《德语国家经典散文》一书，收录了威廉·海因泽的散文《沙夫豪森莱茵第一瀑》，其中一段文字如下：

莱茵河到了沙夫豪森一带便飞流直下。其势之迅猛，使它忘记了流淌，而是在思忖，到底是变成水雾好呢，还是保持水的本色为佳。第一眼看去，只见空中一片水汽氤氲，宛如银雾。涛声由远及近宛如众人合唱，浪头拍击恰似合唱旋律。莱茵河在此，面目狰狞，严肃无邪，固执冲向礁石，奔腾而去。大河浑身有胆，自信不会迷路。这真是一股势不可挡的强大力量，河中的礁石居然岿然不动，实在令人啧啧称奇。流水似乎因为运动激烈而转变为火，吐出阵阵烟雾。不过它的蒸汽却是银白色，就像它自身那样纯净。

高山、巨壑、深潭、飞瀑，皆是中外文人借题发挥的对象，如"空山藏幽谷"，或是"秋河溢长天"。在18、19世纪的欧洲，没有哪个国家如同德国一样，对古典文明有如此大的热情，因为在德国学者那里，古典文明取代了宗教信仰。陶冶于古典文明，醉心于山川河谷，威廉·海因泽与歌德皆在两者中找到"重生"和"永恒"。

意大利文艺复兴以后，欧洲北部国家之青年，皆想去趟意大利，感受古代欧洲文化的灿烂与辉煌。当时无先进的交通工具，旅行者可翻过阿尔卑斯山，也可选择海路，这场冒险的旅行有个好听的名字："大旅行"（Gross Reise）。海因泽时年34岁，他南下意大利，先后去了威尼斯、佛罗伦萨、罗马、那不勒斯等地方。意大利的绘画和雕塑，以及人文历史，像一幅精美绝伦的画卷，在他眼前展开，波平浪静，古楼钟声，奇花异草，美丽妇人，他沐浴在温润的海风里，像冬眠过后的虫蛹，生命的活力渐醒。他创作了小说《阿尔丁海洛与幸福岛》（Ardinghello Und Die Glückseligen Inseln）。

小说主人公阿尔丁海洛是意大利文艺复兴时期的一位画

家、艺术鉴赏家、学者、作家和音乐家，后来成为海盗和乌托邦理想国的创建者。由于家庭纷争，他成了杀人犯，不得不逃亡热那亚。在热那亚他去信给朋友，信中他讲述了耳闻目睹的抢劫、绑架、爱情绯闻，也评价了米开朗琪罗、拉斐尔、提香等著名艺术大师的作品，还探讨了国家、权力和封建专制体制以及泛神论等哲学问题。

德国学者海因茨·史腊斐在其书《德意志文学简史》中如是评价威廉·海因泽：

温克尔曼、海因泽和歌德将宗教仪式与色情题材结合起来，市民生活中不为宗教道德所容之物，比如对于裸体与感官享受的描写，在古典艺术中升华为人生理想，这样的人生理想体现在古希腊雕像和《罗马哀歌》中。

1873年6月，瓦格纳与科西玛连续阅读《阿尔丁海洛与幸福岛》。科西玛于6月20—23日记载了如下文字：

我们带着巨大的兴趣读完此书。瓦格纳认为，海因泽一定去过罗马，否则书中众多文艺复兴的场景、画面，不能如此生动活泼。估计，他没有去过那不勒斯。

不去那不勒斯，乃憾事也。六年后，瓦格纳带着家人前去意大利南部，足迹遍布西西里岛和那不勒斯，其风光无限妖娆，瓦格纳心神怡然，并完成最后的作品《帕西法尔》。

瓦格纳早期歌剧《禁爱》(*Das Liebsverbot*)的灵感，源自《阿尔丁海洛与幸福岛》。阿尔丁海洛疾恶如仇，莽撞叛逆，对于爱情和肉欲大胆放纵。早期瓦格纳身上的激情和叛逆有阿尔丁海洛的影子。

Wilhelmine Schröder Devrient

## 威廉明妮·施勒特尔·德弗里恩特

她在《唐豪瑟》中出演维纳斯。她有魅力十足的嗓音，能模仿啁啾的云雀，也能模仿吼声如雷霆暴怒的天神。她是19世纪德国最具影响力的女高音歌唱家。

德弗里恩特生在一个音乐世家，其父母均为歌剧演员。德弗里恩特 10 岁时，就已经成为维也纳儿童芭蕾舞团的成员。

1823 年，她 19 岁，和母亲来到德累斯顿。她与卡尔·韦伯的关系不错，参加了卡尔·韦伯的歌剧《欧丽安特》的首演。之后，她认识了瓦格纳。她赞誉瓦格纳是个天才，参加了《黎恩济》和《唐豪瑟》的首演。1850 年，她与来自利沃尼亚（波罗的海东岸地区旧称，包括现在的爱沙尼亚以及拉脱维亚的大部分地区）的一位富裕的商人，比她小 14 岁的哈因里·辛伯克结婚。

德弗里恩特骨子里不是雌伏的性格，她热爱社会运动，她和瓦格纳及他的小团体之间保持着良好的交往。瓦格纳关于社会运动的思想感染了德弗里恩特。在 1849 年的德累斯顿革命中，她参加了瓦格纳的抵抗小组，后被捕入狱。1858

年，她离开丈夫，准备前往美国，可身体状况急剧恶化，只能暂回德国。1860年卒于德国科堡。

瓦格纳去世前几天，他对科西玛说，自己梦见了德弗里恩特。想必，他想再次回味她那悦耳动人的歌声吧。

Wolfram von Eschenbach

## 沃弗拉姆·冯·艾森巴赫

普罗大众对于艾森巴赫的了解近乎对于荷马的认识。他是高是矮，是胖是瘦，眼睛是蓝色还是灰色，皆无从查询，只知道他是中世纪德国吟游诗人，写过名篇《帕其法尔》（*Parzival*）。五六百年后，瓦格纳从此书中获得灵感，撰写了《帕西法尔》（*Parsifal*）。

中世纪是西方历史中的浓重一笔。欧洲文人戏称中世纪为"黑暗时代"（Dark Age）。黑色，肃杀一切，包括对欲望的肃杀。在中世纪，肌肤相亲是难以启齿的话题，是罪恶。繁衍是性行为的唯一目的，感官享受是罪恶。在德国，中世纪的吟游诗人，善作骑士爱恋（属于上流社会），这恰恰表达了对异性的爱慕之情、思春之情，从教会的角度看，这是一股异教徒的文艺思潮，当要扑灭。

吟游诗人，如今不可能成为职业。今日之文艺作品，样式繁多，且泛滥过度，谁还需要一个孤独的声音来慰藉寂寞的芳心啊。社交网站和虚拟现实比任何东西更能吸引年轻人。世界正在走向虚拟的存在，人似乎已忘却最基本的生存之需：空气、阳光、水和土壤，而尽情地追逐和享受虚拟生活中的爱恋之歌。

扯远了。骑士恋歌"帕西法尔"的主题是"爱",既包括恋爱,也有含蓄的性爱。中世纪的诗人没有像叔本华那样,把意志的世界看作一个痛苦的生命存在。欧洲人晚近才意识到欲望是人生痛苦的根源,而国人对此早有所思,"色即是空"至今依然晨钟暮鼓,开人心智。中世纪的古籍善本中绘有插图,帕西法尔蹲踞澡盆中,几个貌美的女子呵护其左右,在众目睽睽之下祖裼裸裎。帕西法尔本应该体验澡雪垢滓的人生一乐,可他一介文弱书生的样子,清癯的面庞上依然留有青苹果般的羞涩。

在今天的巴伐利亚州,距纽伦堡36公里处,有一小镇就以艾森巴赫为名——Wolframs-Eschenbach,以此纪念这位伟大的吟游诗人。

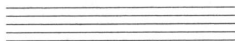

Zürich
## 苏黎世

苏黎世四围皆山，森林茂密，山顶白雪皑皑，苏黎世湖坐落其间，湖水静谧，呈现出一派祥和之气象。然而在 19世纪，诸多革命流亡人士，包括瓦格纳、费尔巴哈、赫尔韦格等闲聚此地，苏黎世城遂成为他们的后花园。20世纪初，艺术史上著名的"达达艺术"小组，便诞生于该城。时空变幻，物是人非，人们似乎已忘却苏黎世在欧洲巨变时的作用，把它仅看作一个"山水美人"。

德累斯顿革命失败后，瓦格纳垂头丧气地逃亡苏黎世。苏黎世湖光山色优美、烟雨朦胧，他在这里度过了九年的时光。1854年，瓦格纳创作正处踌躇之际，革命挚友乔治·赫尔韦格，送给瓦格纳一本《作为意志和表象的世界》。书上写道："意志是世界的物自体，是世界的内在内容，是世界的本质；生命、可见的世界、现象只不过是意志的镜子。因此生命不可分割地伴随着意志，有如影之随形；有意志，也就有生命，有世界。因此对于生存意志来说，生命是确定不移的，只要我们怀抱着生存意志，我们就决不能对我们的生存忧烦，哪怕是在临死的一刻。"瓦格纳认为叔本华的哲学观点触及了自己的内心深处，原本模糊的人生命题，得以清晰展现。这本《作为意志和表象的世界》使瓦格纳迷恋上叔本华的思想。当然这本书在出版伊始，欧洲人并不认可，只出售了100多本。

在苏黎世逃亡期间，已过不惑之年的瓦格纳在关于德意志歌剧的样式原型创作上，已经有了明确的认识。他的作品《唐豪瑟》和《飞翔的荷兰人》在苏黎世数次上映，掌声如潮，溢美之词屡见报端。瓦格纳在瑞士成功了，瑞士成为他的福地。彼时，李斯特正在德国积极筹划瓦格纳一系列的歌剧演出。

瓦格纳善于交际，他经常与三五知己竟日畅咏。起初，大家视瓦格纳为政治流亡人士，后见他谈吐有度、气宇不凡，又得知他身怀绝艺，越加佩服。

瓦格纳彼时的妻子米娜从德累斯顿来看望他，夫妻团聚，再续旧情，可惜破镜难圆。米娜在日记中写道："瓦格纳待我冷若冰霜，弃我如敝屣。这样的生活度日如年，难以为继，唯有分手。"

除了创作音乐，暇时，瓦格纳也注重著书立说。在苏黎世期间，他完成了《艺术与革命》《未来的艺术作品》《歌剧与戏剧》这三篇文章，后合编为《苏黎世笔记》。瓦格纳要在《苏黎世笔记》里详细阐述自己的艺术观点。在书中，他杂糅哲学和自然科学，文艺理论和诗学，形成了瓦格纳式的"世界观"体系。毫不夸张地讲，瓦格纳是19世纪内少有的能将自己的美学观点和社会变革联系到一起的艺术大师，他用自己的艺术思想和美学实践，开启了一个新的美学时代。

　　德国作家汉斯·迈耶在其书《瓦格纳》中写道："在我们的城郭之中，生活着一位天才。苏黎世深沉的气质和独特的景色给了这位巨人以创作的温床。此后，他的作品像一幅气势恢宏的画卷，慢慢铺陈开来。"

# 图片来源

1.《黎恩济》的首演插图，1842
（出自 Hans Mayer，*Wagner*，
Rowohlt）

2. 德累斯顿1849年革命，焚烧罗
马酒店
（出自 Hans Mayer，*Wagner*，
Rowohlt）

3. 尼采，1864
（出自 Joachim Köhler，*Friedrich
Nietzsche und Cosima Wagner*，
Rowohlt Taschenbuch Verlag）

4. 科西玛与父亲李斯特，1867
（出自 Joachim Köhler, *Friedrich Nietzsche und Cosima Wagner*, Rowohlt Taschenbuch Verlag）

5. 瓦格纳在瑞士，1869
（出自 Hans Mayer, *Wagner*, Rowohlt）

6. 瓦格纳，1871
仿荷尔拜因画像
（出自 Udo Bermbach, *Mythos Wagner*, Rowohlt Berlin）

7.《罗恩格林》石版画，1872
（出自 Hans Mayer，*Wagner*，
Rowohlt）

8. 瓦格纳和科西玛，1872
（出自 Hans Mayer，*Wagner*，
Rowohlt）

9. 拜罗伊特剧院外观，1872—
1876
（出自 Oliver Hilmes，*Herrin des
Hügels*，Siedler）

10. 第一届拜罗伊特音乐会时的漫画，1876
（出自 Udo Bermbach, *Mythos Wagner*, Rowohlt Berlin）

11. 瓦格纳与路德维希二世，登于《跳蚤》杂志，1876
（出自 Udo Bermbach, *Mythos Wagner*, Rowohlt Berlin）

12. 瓦格纳和儿子齐格弗里德，那不勒斯，1880
（出自 Oliver Hilmes, *Herrin des Hügels*, Siedler）

13. 瓦格纳一家，1881
从上左布拉狄内、齐格弗里德的家庭教师、科西玛、瓦格纳、画家犹可夫斯基，下左伊索尔德、达尼拉、爱娃、齐格弗里德
（出自 Udo Bermbach，*Mythos Wagner*，Rowohlt Berlin）

14. 指挥家汉斯·里希特与瓦格纳的孩子们，1890
（出自 Nike Wagner，*Wagner Theater*，Insel）

15. 齐格弗里德与母亲科西玛，1906
（出自 Oliver Hilmes，*Herrin des Hügels*，Siedler）

267

16. 晚年科西玛与儿子齐格弗里德一家，1917
（出自 Joachim Köhler，*Friedrich Nietzsche und Cosima Wagner*，Rowohlt Taschenbuch Verlag）

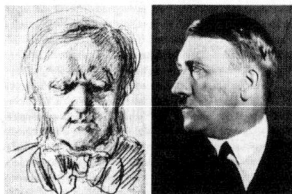

17. 左图为约科夫斯基为瓦格纳所绘的遗像，右图为希特勒1933年的肖像
（出自 Udo Bermbach，*Mythos Wagner*，Rowohlt Berlin）

18. 瓦格纳的母亲约翰娜·罗希娜·瓦格纳
（出自 Hans Mayer，*Wagner*，Rowohlt）

19. 托马斯·曼在瓦尔特堡，1949
（出自 Werner Noth，*Die Wartburg,
Geschichte und Kunst*，Wartburg
Stiftung，Eisenach）

20. 比洛（科西玛的前夫）
（出自 Hans Mayer，*Wagner*,
Rowohlt）

21. 科西玛与大狗
（出自 Oliver Hilmes，*Herrin des
Hügels*，Siedler）

| | |
|---|---|
|  | 22. 路德维希成为天鹅骑士，漫画，登于《跳蚤》杂志<br>（出自 Hans Mayer，*Wagner*，Rowohlt） |
|  | 23. 瓦格纳的漫画，登于《日食》杂志<br>（出自 Hans Mayer，*Wagner*，Rowohlt） |
|  | 24. 米娜（瓦格纳前妻）<br>（出自 Hans Mayer，*Wagner*，Rowohlt） |

25.《特里斯坦和伊索尔德》海报
（出自 Hans Mayer，*Wagner*，
Rowohlt）

26. 男高音歌唱家卡罗斯菲尔德夫
妇
（出自 Hans Mayer，*Wagner*，
Rowohlt）

# 瓦格纳年表

| | |
|---|---|
| 1813年 | 5月22日，瓦格纳出生于莱比锡，其父为警察。 |
| 1814年 | 瓦格纳的父亲去世，母亲嫁给演员兼诗人路德维希·盖尔。后举家迁往德累斯顿。 |
| 1822—1827年 | 瓦格纳就读于德累斯顿教会学校。 |
| 1828—1830年 | 就读于莱比锡克来高中。 |
| 1830年 | 就读于莱比锡托马斯学校。 |
| 1831年 | 就读于莱比锡大学，学习音乐。 |
| 1833年 | 在维尔茨堡担任合唱指挥。 |
| 1833—1834年 | 创作浪漫歌剧《仙女》 |
| 1834年 | 在劳赫斯泰特担任剧院指挥。 |
| 1834—1836年 | 在马格德堡担任剧院指挥。 |
| 1836年 | 11月4日，瓦格纳与米娜结婚，婚礼仪式在柯尼斯堡教堂举行。 |
| 1837年 | 4月1日，瓦格纳就任柯尼斯堡剧院指挥。 |
| | 8月21日，瓦格纳担任里加的剧院指挥。 |
| 1839年 | 为《黎恩济》编写歌剧脚本并开始作曲。 |
| 1839年 | 9月17日，瓦格纳夫妇离开里加，辗转伦敦和巴黎。 |
| 1840—1842年 | 瓦格纳流浪巴黎。 |
| 1841年 | 完成《飞翔的荷兰人》的歌剧脚本和总谱。 |
| 1842年 | 瓦格纳回到德国，担任德累斯顿剧院指挥。 |
| 1843年 | 1月2日，《飞翔的荷兰人》在德累斯顿首演。 |
| | 2月，瓦格纳担任宫廷乐队总长。 |
| 1844年 | 瓦格纳在柏林指挥《飞翔的荷兰人》。 |
| 1845年 | 10月19日，《唐豪瑟》在德累斯顿首演。 |

| 1846年 | 瓦格纳在德累斯顿旧歌剧院指挥贝多芬第九交响曲，同年创作《罗恩格林》作曲草稿。 |
|--------|--------|
| 1848年 | 完成《罗恩格林》的总谱，创作《齐格弗里德之死》歌剧脚本。 |
| 1849年 | 德累斯顿革命失败，瓦格纳逃亡瑞士。 |
| 1850年 | 《罗恩格林》在魏玛首演。 |
| 1852年 | 瓦格纳结识奥托·维森多克和玛蒂尔德·维森多克夫妇。 |
| 1853年 | 瓦格纳与李斯特在瑞士见面。 |
| 1854年 | 完成《莱茵的黄金》总谱并为《女武神》谱曲。 |
| 1855年 | 瓦格纳在伦敦指挥音乐会。 |
| 1857年 | 瓦格纳搬进维森多克的别墅。 |
| 1858年 | 瓦格纳离开维森多克的别墅，前往意大利。 |
| 1859年 | 瓦格纳在巴黎和瑞士间游荡。完成《特里斯坦和伊索尔德》的总谱。 |
| 1860年 | 瓦格纳在巴黎的意大利剧院指挥三场音乐会。 |
| 1861年 | 3月13日，《唐豪瑟》在巴黎首演。 |
| 1862年 | 2月1日，瓦格纳离开巴黎，回到德国。为《纽伦堡的名歌手》编写歌剧脚本和序曲。 |
| 1863年 | 瓦格纳作品在圣彼得堡、布拉格和布达佩斯演出。《尼伯龙根的指环》剧本第一次公开出版。 |
| 1864年 | 5月4日，瓦格纳与路德维希二世见面，并迁往王宫居住。 |
| 1865年 | 《特里斯坦和伊索尔德》在慕尼黑演出。 |
| 1866年 | 1月25日，瓦格纳的妻子米娜死于德累斯顿。同年，瓦格纳前往瑞士特里布辛居住。 |
| 1868年 | 7月21日，《纽伦堡的名歌手》在慕尼黑演出。<br>11月8日，瓦格纳与尼采相识。 |
| 1869年 | 6月6日，齐格弗里德在特里布辛出生。 |

| | |
|---|---|
| 1870年 | 6月26日，《女武神》在慕尼黑首演。 |
| | 8月25日，在路德维希二世的生日当天，瓦格纳和科西玛结婚。 |
| 1871年 | 4月，瓦格纳来到拜罗伊特。 |
| | 5月3日，瓦格纳与俾斯麦在柏林见面。 |
| 1872年 | 4月22日，瓦格纳一家离开特里布辛，迁往拜罗伊特小住。 |
| | 5月22日，为庆祝瓦格纳的生日，拜罗伊特举办音乐节。 |
| 1873年 | 2月，瓦格纳再次回到拜罗伊特。 |
| 1874年 | 4月28日，瓦格纳一家搬进拜罗伊特的别墅。同年完成《众神的黄昏》总谱。 |
| 1876年 | 8月13—17日，《尼伯龙根的指环》在拜罗伊特演出。 |
| | 10月，瓦格纳与尼采在索伦托见面，此后复不相见。 |
| 1877年 | 5月17日，瓦格纳受英国维多利亚女王邀请，在温莎堡举行音乐会。 |
| 1882年 | 7月26日，《帕西法尔》在拜罗伊特首演。 |
| | 9月14日，瓦格纳和家人前往威尼斯疗养。 |
| 1883年 | 2月13日，瓦格纳死于威尼斯。 |
| | 2月16日，瓦格纳葬礼在拜罗伊特的别墅举行。 |

# 参考书目

1. Anne Frank. Anne Frank Tagebuch [ M ] . Fischer Taschenbuch Verlag, 2005.

2. Joachim Köhler. Friedrich Nietzsche und Cosima Wagner [ M ] . Rowohlt Taschenbuch Verlag, 2002.

3. Hans Mayer. Wagner [ M ] . Rowohlt Taschenbuch Verlag, 1998.

4. Udo Bermbach. Mythos Wagner [ M ] . Rowohlt Berlin, 2013.

5. Udo Bermbach. Richard Wagner in Deutschland: Rezeption-Verfälschungen [ M ] . Verlag J.B.METYLER. Stuttgart, Weimar, 2011.

6. Cosima Wagner. Cosima Wagner, Die Tagebücher, 1869—1877 [ M ] . R.Piper &Co. Verlag München, Zürich, 1976.

7. Cosima Wagner.Cosima Wagner, Die Tagebücher, 1878—1883 [ M ] . R.Piper&Co. Verlag München, Zürich, 1976.

8. Oliver Hilmes. Herrin Des Hügels [ M ] . Siedler Verlag, München, 2007.

9. Nike Wagner. Wagner Theater [ M ] . Insel Verlag Frankfurtam Main und Leipzig, 1998.

10. Werner Noth, Die Wartburg: Geschichteund Kunst [ M ] . Herausgeber: Wartburg—Stiftung, Eisenach, 1963.

11. Thomas Mann.Thomas Mann Tagebücher, 1951—1952 [ M ] . Fischer Verlag GmbH, Frankfurtam Main. 1993.

12. Alexander Bastekund Anna Marie Pfäfflin. Thomas Mann und Die Bildende Kunst [ M ] . Michael Imhof Verlag. 2014.

13. Peter Pütz. Thomas Mann und Die Tradition [ M ] . Athenäum Verlag,

Frankfurtam Main, 1971.

14. Werner Schultheiss. Alternürnberger Landschaft［M］. Verlag Weidlich Frankfurt Am Main, 1971.

15. Herbert Killian. Gustav Mahler, in den Erinnerungenvon Natalie Bauer-Lechner［M］. Verlag Der Musikalienhandlung Karl Dieter Wagner, Hamburg, 1984.

16. Stefan Zweig. Tagebücher［M］.Fischer Taschenbuch Verlag GmbH, Frankfurtam Main, 1988.

17. Die Minnesinger［M］. Insel Verlag Frankfurtam Main, 1962.

18. Richard Wagner. Ausgewählte Schriftenund Briefe［M］. Fischer Verlag GmbH, Frankfurtam Main, 2013.

19. Wolfgang Hädecke. Heinrich Heine, eine Biographie［M］. Rowohlt Taschenbuch Verlag GmbH, 1989.

20. 萧伯纳. 以子为父［M］.肖滨，译.南京：江苏文艺出版社，2010.

21. 托马斯·曼. 德语时刻［M］.韦邵辰，宁宵宵，译.南京：江苏文艺出版社，2010.

22. 特亚·多恩. 理查德·瓦格纳，德意志之魂［M］.丁娜，译.北京：社会科学文献出版社，2015.

23. 海因茨·史腊斐. 德意志文学简史［M］.胡蔚，译.北京：北京大学出版社，2013.

24. 歌德. 浮士德［M］.钱春绮，译.上海：上海文艺出版社，2010.

25. 张弘，郭春英，编. 德国艺术家随笔［M］.上海：东方文艺出版社，1998.

26. 哈罗德·勋伯格. 伟大指挥家［M］.盛韵，译.北京：生活·读书·新知三联书店出版，2011.

27. 尼格尔·罗杰斯，麦尔汤普森. 行为糟糕的哲学家［M］.吴万伟，译.北京：新星出版社，2010.

28. 狄特·波希迈耶尔. 理查德·瓦格纳：作品 - 生平 - 时代［M］.赵蕾莲，译.哈尔滨：黑龙江教育出版社，2015.

29. 叔本华. 叔本华读书随笔［M］.韦启昌，译.北京：金城出版社，2012.

30. 苏珊·桑塔格.重点所在〔M〕.程巍,译.上海:上海译文出版社,2004.

31. 托马斯·曼.死于威尼斯〔M〕.徐建萍,译.西安:陕西师范大学出版社,2008.

32. 叔本华.爱与生的苦恼〔M〕.金玲,译.北京:华龄出版社,1996.

33. 海涅.海涅抒情诗100首〔M〕.杨武能,译.桂林:漓江出版社,1995.

34. 切斯瓦夫·米沃什.米沃什词典,一部20世纪的回忆录〔M〕.西川,译.桂林:广西师范大学出版社,2014.

35. 富凯.Undine 水妖〔M〕.袁志英,刘德中,译.上海:上海世纪出版有限公司,译文出版社,2010.

36. 德国国家经典散文〔M〕.叶廷芳,李伯杰,译.上海:上海文艺出版社,2005.

37. 木心.1989—1994,文学回忆录〔M〕.桂林:广西师范大学出版社,2016.

38. 柏拉图.斐多〔M〕.杨绛,译.北京:生活·读书·新知三联书店,2013.

39. 尼采.查拉图斯特拉如是说〔M〕.孙周兴,译.北京:商务印书馆,2014.

## 后记

　　书稿即将付印出版之际，恰逢樱花谢幕之时，石阶青苔上，红褐色的花心散落一地，顿时令我想起一周前，满树樱花绽放、妖娆无限的美景。瓦格纳与科西玛时常在园中观花，时节更替，花开花谢，他们也少不了长吁短叹，就像我此时的心境。出版在即，书中诸多人物，犹如落花流水，有点惜别的意思。想到当初写瓦格纳，只是有感于他传奇的一生，下笔时心神激荡，并未料及此番复杂感受。这一通对瓦格纳的研究、写作，如农夫播种、浇水、施肥，历经炎夏隆冬，成就短暂的芬芳，对我亦是"格物"，而远超于当初写作之意。

　　回想写作之初，唯瓦格纳是我的兴趣所在，而在写作过程中，我时常为资料中其他有趣之物所打动而耗时费力，摩挲一番，就像刘姥姥进大观园，她原本只想和老太太、老爷、夫人们混个脸儿熟，以便日后有求于他们，想不到入了园子，见各类奇花异草、古物珍玩、曲廊幽径，也迷糊起来，甚至跑到宝玉房中小憩，忘却了来时之意。

2013年是瓦格纳200周年诞辰，世界各地皆有纪念活动。上演他的作品，对于瓦格纳迷们，这自然是饕餮大餐，可以大饱眼福。我曾多次走进音像店，站在古典音乐的专柜前，翻找瓦格纳作品的DVD，见到封面上有各式各样的舞台设计，演员的着装也五花八门，气氛诡异。不禁想问，当今之瓦格纳的作品与19世纪的演出，到底如何相像？苏珊·桑塔格认为，现在的人很难想象瓦格纳的早期观众受到的强烈视听冲击，如《特里斯坦和伊索尔德》演出时，甚至有人因呕吐与眩晕被从剧院送出抢救，观众之反感也成为冲击的一部分。尼克·瓦格纳作为瓦格纳的后人，在写到当初瓦格纳歌剧的首演情状时，亦觉是山重水复，烟霞杳杳。20世纪50年代后，瓦格纳之孙维兰德·瓦格纳（Wieland Wagner），在拜罗伊特将瓦格纳作品不断翻新、改造，创造了"自然主义"和"极简风格"，再加之世界其他地方皆有各类版本的瓦格纳歌剧，风格五花八门。恰如时下《红楼梦》《水浒传》和《西游记》被数度翻拍，经典已被打扮入时，衣香鬓影，宛如狂欢节上的妙龄少女，所见的只是华美的装扮，而不见真实的芳容。

这本《瓦格纳词典》，也如各类翻拍的作品，亦会存在有失"客观"之角度，而呈现出较多的个人感思。在写作过程中，瓦格纳于我就似个装配好的玩具，我一一将其拆解，分门别类，放回最初的场景，等待读者您再次组装。从瓦格纳到路德维希二世，从叔本华到尼采，从李斯特到科西玛，我一路跟随，有如《微暗的火》中的格拉杜斯，一路追赶诗人。不知不觉中，柏林大街上行进中的马蹄发出的金属声、特里布辛阵雨后的清新万物、纽伦堡行会里的男女老少、德累斯顿的战火硝烟，渐渐漫入眼帘，我仿佛走进了19世纪的德国……

# 致 谢

书稿付梓在即，看到出版社传来的电子文件，已有一番别开的面貌，仿佛孩子论嫁，经里里外外打扮后，活脱一派崭新的气象。在这里特别感谢我的导师李邦耀、杨国辛先生对我写作的鞭策与鼓励；也感谢王寅冰先生在德国为我觅书，使我写作时有翔实的资料；也要感谢陈永战、张建鹏、耿贵忠先生给我许多中肯的建议，我们时常就书稿中的内容，聊至半夜，兴致不减；也感谢妻子俞蕾对我的支持，还有两个孩子在我书写期间，不断询问瓦格纳的作品与德国的文化，这都给了我写作的启示。

对于此书能得以出版，我要特别感谢广西师范大学出版社的伍丽云老师，从递交计划、几番审稿，到书籍装帧，每个环节她都提出了许多中肯的建议，对我来说，都是难得的补益。伍老师工作严谨，事无巨细，为此书出版付出了巨大辛劳。同时我也向出版社刘凛和伍先林老师致谢，他们在此书出版中付出的智慧与努力，都使该书增色不少。

2020年1月